스캔들
세계사
3

스캔들 세계사

'로코코의 여왕'에서 '신의 분노' 흑사병까지
화려하고 치명적인 유럽 역사 이야기

3

이주은 지음

피피에

머리말

역사에 대한 호기심과 탐구심으로

새벽 공기 속에 책상 앞에 앉아 세 번째 머리말에는 무엇을 쓸까 고민합니다. 1년도 채 되지 않는 기간에 벌써 세 번째 머리말을 쓰게 되다니요. 꿈은 이루어진다는 말이 실감나는 지난 1년이었습니다. 지나간 시간들을 찬찬히 돌아봅니다. 기차에 앉아 차창 밖으로 지는 저녁놀을 바라보다 문득 떠오른 이야기를 재미삼아 블로그에 올리던 그날이 엊그제 같은데 책이라는 유형의 사물로, 심지어 2권이나 제 곁에 놓이게 된 것이 여전히 꿈만 같습니다.

『스캔들 세계사』 시리즈는 권수를 더해가면서 세계사의 시간과 공간을 조금씩 확장해가려고 노력하고 있습니다. 이번 『스캔들 세계사3』에서는 지성과 미모로 루이 15세를 매혹시키고 프랑스 문화를 화려하게 꽃피운 '로코코의 여왕' 마담 퐁파두르부터 가진 것 하나 없는 노예로 태어나 '검은 레오나르도 다 빈치'라고 불리기까지 땀과 열정으로 많은 것들을 일군 '땅콩 박사' 조지 카버의 삶까지, 웃음과 감동이 함께하는 사건과 사람 이야기를 모았습니다. 배경 역시 유럽은 물론, 터키와 아프리카, 아메리카를 포괄했고, 시간적으로 고대와 연관된 에피소드까지 포함하여 더욱 풍성하고 재미난 역사 이야기를 들려드리려 노력하였습니다.

『스캔들 세계사3』에 등장하는 사람들 중에는 축복받은 환경에서 태어났지만 너무나 비극적인 삶을 살아간 사람들이 있는가 하면, 가진 것 하나 없이 태어났어도 오로지 땀과 눈물로 알찬 삶을 일구어낸 사람의 이야기도 있습니다. 이런 극과 극을 달리는 삶들을 추적(?)하다 보면, 역사란 결국 사람들이 일구어간 시공의 중첩임을 다시 한 번 깨닫게 됩니다.

『스캔들 세계사』를 설레는 마음으로 내놓았다면 세 번째를 내놓는 지금은 설렘보다는 두려움이 앞섭니다. 끝은 새로운 시작이라고들 하지요. 저에게 『스캔들 세계사3』은 끝이자 새로운 시작입니다. 여기에 안주하지 않고 앞으로도 역사에 대한 끊임없는 호기심과 탐구심으로 역사의 이모저모를 염탐(?)하고 낱낱이 조사하여 화수분 같은 이야기 보따리를 풀어놓는 이야기꾼이 되도록 노력하겠습니다.

할머니 무릎을 베고 누워 옛날이야기를 듣듯, 모닥불 앞에 앉아 도란도란 이야기하듯, 소설보다 재미난 세 번째 역사 여행을 떠나보아요.

이주은

차례

머리말 · 4

1. 당신이 원하는 단 한 가지 · 10
   _ '12세기 유럽판 열녀'인 바인스베르크의 여인들

2. '신의 분노', 유럽을 초토화시키다 · 17
   _ 14세기 유럽 대륙을 휩쓴 흑사병이 인류 역사에 미친 영향

   작은 세계사1 — 검은 태양, 전쟁을 종식시키다 · 36

3. 치마를 찢고 스스로를 보호하라! · 38
   _ '잔 다르크의 원형'으로 여겨지는 브르타뉴 공작 부인

4. 부디 나를 죽여다오! · 52
   _ '친애왕'에서 '광인왕'이 된 샤를 6세의 비극적인 삶

5. 합스부르크 가문, 악마를 낳다 · 59
   _ 약자를 학대하고 고문을 즐긴 스페인의 '사이코패스' 왕자 돈 카를로스

6. 여왕의 연인, 그리고 슬픈 부인 · 73
　　_ 엘리자베스 1세의 연인으로 추정되는 로버트 더들리의 부인 에이미

7. 지혜로운 성녀와 악마의 하수인 사이 · 85
　　_ 중세 유럽을 뒤흔든 마녀와 마녀 재판 이야기

8. 포카혼타스, 진짜 이야기 · 112
　　_ 디즈니 애니메이션이 들려주지 않은 아메리카 원주민 여성 마토아카의 삶

9. 오스만 제국의 '올드 보이' · 123
　　_ '형제 살해'라는 오스만 제국의 무시무시한 왕위 계승법

10. 왕의 자리를 탐낸 꽃미남 · 137
　　_ 영국의 명예혁명과 제임스 스콧

11. 달콤한 해프닝 · 157
　_ 실수가 낳은 3가지 음식 이야기

　작은 세계사2 — 맥주, 수도승의 은밀한 고행 · 166

12. 추운 나라의 신데렐라 · 170
　_ 허드렛일 하녀에서 러시아 최초의 여제가 된 예카테리나 1세

13. 로코코의 여왕 · 190
　_ '왕의 여자'로 운명지어진 마담 퐁파두르 이야기

14. 미라 풀기 파티를 아시나요? · 217
　_ 영생을 기원하며 만들어진 고대 이집트 미라의 수난기

15. 시인의 사랑 · 223
　_ 영문학 사상 최고의 연인 엘리자베스 배럿과 로버트 브라우닝의 사랑

　작은 세계사3 — 배달받고 싶지 않은 행운 · 238

16. 검은 레오나르도 다 빈치 · 240
_ 노예로 태어나 '땅콩 박사'라 불린 조지 카버의 한없이 경건한 삶

17. 셜록, 요정을 믿나요? · 255
_ 코난 도일을 둘러싼 유령선 이야기와 요정 소동

18. 처칠의 시계를 훔친 왕 · 271
_ 이집트의 마지막 왕 파루크 1세의 기행과 악덕

각주 · 283

참고문헌 · 284

1. 당신이 원하는 단 한 가지
– '12세기 유럽판 열녀'인 바인스베르크의 여인들

때는 1140년, 오늘날 독일에서 와인으로 유명한 바인스베르크 지방은 옛날에는 쟁쟁한 가문인 벨프 가가 다스리는 곳이었습니다. 멋들어진 성도, 바인스베르크 지역도 벨프 가문의 공작인 벨프 6세의 다스림 아래 있었지요.

벨프 가문은 왕의 딸과 결혼도 하며 꽤나 승승장구하던 중이었습니다. 게다가 벨프 6세 공작은 신성로마제국 황제 프레데릭 1세의 외삼촌이었죠. 그야말로 최고의 인맥이네요. 이처럼 벨프 가문이 유럽에 힘을 뻗기 위해 열심히 노력하고 있던 와중에 독일의 왕위를 잇는 가문이 바뀝니다. 몇 번을 들어도 기억하기 힘든 어려운 독일어로 된 그 가문의 이름은 호엔슈타우펜 가문이었습니다. '내 이름을 맞추지 못하면 네 아이를 데려가겠다!' 고 으름장을 놓던 동화 속 요정 룸펠슈틸츠킨이 생각나는 가문 이름이네요. 아무튼 이 호엔슈타우펜 가문은 신성로마제국 황제를 셋이나 만들어낸 가문이었습니다. 왕을 쫙쫙 뽑아냈으니 왕조라고 불러줘야죠. 이렇게 왕위를 잇는 가문이 달라지자 벨프 가문은 이에 크게 반발하여 "에잇, 전쟁이닷!!"을 외쳤다고 합니다.

왜 갑자기 뜬금없이 전쟁을 선포한 것일까요? 이유를 차근차근 짚어봅시다. 일단 신성로마제국 황제이자 독일의 왕이었던 로타르 2세(1070 무렵~1137)가 있었습니다. 이 로타르 2세의 딸인 게르트루트와 벨프 가문의 '자랑스러운 앙리(Henry the Proud)'가 결혼을 한 것입니다. 이름 앞에 '자랑스러운'이 붙을 정도로 돈도 많고 지위도 많고 권력도 많았던 앙리의 다음 목표는 다름 아닌 독일 왕 자리였습니다.

벨프 6세라고 알려진 그림이지만 그가 살았던 시대는 12세기인데, 그림이 그려진 것은 1500년 무렵이므로 전혀 닮지 않았을 가능성이 많다.

당시 독일 왕은 간선 투표를 통해 선출되었습니다. 표를 얻으려면 사람들의 환심을 사야 했지만 너무 잘났던 앙리는 다른 사람들의 질투를 불렀고 결국 돈과 권력을 총동원해 가며 노력했음에도 독일 왕 자리는 호엔슈타우펜 가문의 콘라트 3세에게 돌아가고 맙니다. 물론 '자랑스러운' 앙리는 "인정 못 해!"라고 고집을 부렸죠. 콘라트 3세는 '그래?

신성로마제국 황제이자 독일의 왕 로타르 2세.

맛 좀 봐라!' 싶었는지 앙리의 모든 영토에 대한 권리를 빼앗아 버렸습니다. 하지만 콘라트 3세의 예상과 달리 앙리 휘하의 사람들은 충성심을 잃지 않았고, 그 바람에 전쟁이 터져버렸죠. 그런데 정작 당사자인 '자랑스러운' 앙리가 전쟁을 얼마 하지도 않고 "아들아, 부디 내 왕좌를 되찾아다오……!" 하며 사망해버렸고, 그의 아들인 '사자' 앙리(Henry the Lion)와 삼촌인 벨프 6세 공작이 전쟁을 계속했습니다. 이렇게 보면 아예 다른 두 가문, 호엔슈타우펜과 벨프 가문이 싸우는 것 같지요. 하지만, 앞에서 나온 신성로마제국의 황제 프레데릭 1세 기억나세요? 벨프 6세 공작은 프레데릭 1세 황제의 외삼촌이었고 콘라트 3세는 친삼촌이었습니다. 말하자면 사돈끼리 으르렁거리며 전쟁을 벌이고 있는 것이었습니다.

이와 관련해 전설처럼 내려오는 이야기로는 벨프 6세 공작(또는 '자랑스러운 앙리'라는 설도 있습니다)이 콘라트 3세의 왕비 게르트루트(첫 번째 아내도 두 번째 아내도 모두 이름이 게르트루트였답니다. 부인 이름 부를 때 기분이 참 묘했겠어요)에게 인사를 하는데 실수로 발을 밟았다고 합니다. 콘라트 3세는 분노 조절 장애라도 있는 건지, 아니면 왕비를 지나치게 사랑한 것인지 고작 사돈이 마누라 발 좀 밟은 걸 가지고 분노 폭발하여 매우 잘나가고 있던 벨프 6세에게 난리를 쳤다고 합니다. 얼마나 짜증을 부렸던지 처음에는 송구하다며 굽실거리던 벨프 6세도 결국 화를 버럭 내며

'네가 내 마누라 발 밟은 놈이냐? 내 여자는 내가 지킨다!' 는 상남자, 콘라트 3세.

궁에서 나가버렸다죠.

'아니 저, 저저저저……, 저 놈이!!' 하며 뒷목 잡은 콘라트 3세 전하께서는 왕비의 발을 밟았단 이유로 선전포고를 하고는 벨프 6세의 성을 왕의 군대로 둘러싸버렸다고 합니다만 사실 이것은 그냥 전설일 뿐이고, 현실은 왕위 계승 문제에서 불거진 전쟁이지요. 아무튼 '자랑스러운' 앙리에서 시작된 전쟁은 아무래도 콘라트 3세 쪽으로 전세가 기울며 군대는 순식간에 성 주변에 바글바글 모여들었습니다.

바인스베르크 성을 완전히 포위하고 '성에서 쥐새끼 한 마리 나가지 못하게 하라!' 는 서릿발 같은 콘라트 3세의 명이 떨어진 이상, 벨프 6세 공작의 패배는 불 보듯 뻔했습니다. 하루하루 시간이 갈수록 벨프 6세 공작이 준비해뒀던 식량도 물도 조금씩 떨어져 가기 시작합니다. 콘라트 3세는 식량이 떨어지는 걸 마냥 기다리고 있기가 지루했는지 몇 주 참다가 성으로 사자를 보냅니다.

지금 항복한다면 남자는 다 죽이고 성은 불태우고
재산은 털어가겠지만 그래도 여자랑 애들은 살려주겠다!

이게 뭔 소리랍니까. 이렇게 보내면 누가 항복하겠어요. 당연히 성에서는 '싫은데? 항복은 너나 해라!'라는 답장이 오게 됩니다. 콘라트 3세는 더더욱 분노가 솟구쳤고 벨프 6세 공작은 자신의 동지들이 구하러 와줄 것이라 생각하면서 성 밖으로 나가는 비밀 통로를 통해 서둘러 도움을 구하려 합니다. 성 밖에서 줄곧 연기만 태우고 있기 지루해진 콘라트 3세는 성에서 이렇게 배짱을 부리는 걸 보니 비밀 통로가 있는 것이 틀림없다고 생각하고는 부하들을 풀어 비밀 통로를 조사하고 발견되는 족족 다 막아버리라고 명령합니다. 자신의 생각대로 비밀 통로가 있다는 것을 알게 된 콘라트 3세는 얼마나 뿌듯했을까요. 꼭꼭 막혀버린 비밀 통로 탓에 정말로 '독 안에 든 쥐'가 되어버린 벨프 6세 공작에게 콘라트 3세는 다시 한 번 항복을 요구합니다.

오늘 석양이 질 때까지 항복 안 하면
너희 다 불살라버릴 테니 알아서 해라!

자, 이제 도망칠 구석도 없고 믿는 구석도 남아 있지 않았습니다. 사람들은 당황하여 모여앉아 회의를 하게 됐죠. 그런데 이 아이디어가 누구에게서 나온 것인지는 알 수 없지만 모두가 모여 수군덕수군덕 회의를 하고 나더니 성에서 사자가 나와서 콘라트 3세에게 한 가지 제안을 합니다.

당시 황당한 상황을 묘사한 16세기 그림. 여자들이 다들 힘이 장사였던 모양이다.

성에 사는 여성들이 콘라트 3세에게 딴 건 다 상관없으니 여자와 아이들은 살려주고 여자들이 자기 등에 짊어지고 갈 수 있는 건 갖고 나갈 수 있게 해달라는 부탁이었죠. 남자들은 다 버리고 자기들만 살겠다니 이 얼마나 이기적인 소린가요! 이런 못된 여자들 같으니라고!

이에 콘라트 3세는 곰곰이 생각을 해봅니다. 어차피 다 죽이건 안 죽이건 그다지 상관도 없는데 만약 자신이 여자와 아이들과 이후 먹고 살 수 있을 만큼의 재물을 손에 들려서 평화롭게 보내주었다는 소문이 퍼진다면 자신이 참으로 자비롭고 멋진 왕으로 보일 것이라고 생각한 모양인지 흔쾌히 '그러거라!' 하고 허락합니다. 그러자 여자들은 콘라트 3세가 상상도 못했던 행동을 합니다. 바로 자신들의 남편, 아버지, 오빠, 남동생 등등을 업고 성을 빠져나가기 시작한 것이었죠. 부하들은 얕은 꾀라고 발끈했지만 전설에 따르면 콘라트 3세는 껄껄 웃으며 '왕은 한 번 한 약속은 지킨다'라며 여자들의 등에 업혀 나가는 남자들을 모두 보내주었다고 합니다.

바이버트로이 성. 여기가 바로 부인한테 충성하고 산다는 남편들의 마을일까.

　그렇게 자신의 가족을 지켜낸 여인들의 이야기는 입에서 입으로 전해 내려왔고, 전하는 말에 따르면 이렇게 자기 영지의 백성들을 살려서 내보내준 것에 감동받은 벨프 6세 공작은 왕에게 다시금 충성을 맹세했다고 합니다. 두 가문은 결국 1142년 프랑크푸르트에서 평화 협정을 맺었습니다. 지금은 폐허가 되어버린 당시의 성은 오늘날까지도 '바이버트로이'라고 불리는데 이는 '아내의 충의忠義'라는 뜻이랍니다. 아마 그 동네 남자들은 그 후로 평생 어머니와 부인과 딸과 누나와 여동생에게 충성하고 살았겠지요?

2. '신의 분노', 유럽을 초토화시키다
-14세기 유럽 대륙을 휩쓴 흑사병이 인류 역사에 미친 영향

"(미국 원자력) 위원회가 냉전 시대 핵전쟁 결과를 연구한 보고서 「재앙과 회복Disaster and Recovery」에 의하면 '핵전쟁의 지리적 범위, 공격의 급박성, 파괴와 살상의 규모'에 가장 가까운 것이 중세의 흑사병이라고 한다." [주1]

종말, 지구 멸망, 인류 멸종. 우리는 끝을 두려워하면서도 언젠가 다가올 끝을 궁금해 하곤 합니다. 그래서 인류 종말이라는 소재는 수많은 문학 작품, 영화, 드라마 등 각종 창작물의 인기 소재이기도 하지요. 이런 종말을 다룬 작품들은 위기 상황에서 나타나는 인간의 다양한 행동 양상, 그러니까 다 죽어가는 상황에서도 남을 돕는 이가 있는가 하면 힘을 합치면 살 수도 있는 상황에서도 남을 해치는 사람이 있음을 보여주는 등 여러 가지 모습을 펼쳐보입니다. 대부분의 인류가 다 함께 공포

에 떨었던 14세기 흑사병의 창궐에 사람들은 드디어 신의 분노가 지구에 떨어졌고 인류는 멸망할 것이라 생각하였습니다. 그렇다면 그 끔찍한 현실 앞에서 인류는 어떻게 행동했을까요? 여러분이라면 어떻게 행동했을 것 같나요?

지금으로부터 몇 백 년 전인 1330년. 중국이라는 멀고도 먼 나라에서 무시무시한 자연 재해가 일어나고 있다는 소문이 유럽인들 귀에 들려왔습니다. 태풍이 몰아치는가 하면 가뭄으로 작물이 다 말라죽고 수 킬로미터에 이르는 메뚜기 떼가 농작물을 모조리 먹어치웠다는 것이었습니다. 몇몇은 중국에서 땅이 푹 꺼지면서 마을들을 집어 삼켰다고 수군거리기도 했죠.

지진으로 인해 엄청난 구멍이 발생하여 무려 500킬로미터에 달하는 호수가 생겼다거나 인도와 중국에서 발생한 끔찍한 전염병으로 사람들이 수도 없이 죽어나간다는 등 충격적인 이야기들이었지만 사람들은 "그것 참 무섭군!" 한마디 하고는, 그냥 하던 일을 계속했습니다. 요즘도 지구 반대편의 재해나 사고, 전쟁 소식은 자막 뉴스로 무심히 지나가곤 하는데 당시에는 더더욱 별나라 이야기 같았겠죠. 유럽인들은 그런 것은 그들의 일이고 자신들과는 아무 상관없다고 생각했습니다.

하지만 세상은 발전하고 있었고 중국, 중동, 유럽은 교역을 통해 서로 연결되고 있었습니다. 중국의 도자기, 중동의 세공품은 고비 사막과 비단길을 걸어 '세상의 끝' 유럽으로 향해 가고 있었죠. 아름다운 물건들을 산더미같이 등에 실은 낙타와 말들이 길을 터벅터벅 걸을 때 그들 주변에서는 예르시니아 페스티스(Yersinia Pestis), 흔히 Y 페스티스라고 불리는 병균에 감염된 쥐들이 죽어나가고 있었습니다. 페스트균에 감염된 벼룩들은 작은 쥐들에게 질렸는지 갑자기 나타난 덩치도 크고 먹을 것도 많아 보이는 말들에게 옮겨 붙었고, 말과 벼룩들은 그렇게 사이좋게 유럽으로 향했습니다. 그런 와중에 당시 위세를 떨치고 있던 몽골족으로부터 사업 허가를 받은 카파 항이라는 곳이 있었습니다. 오늘날 우크라이나의 페오도시야인 카파 항은 흑해 연

죽은 병사를 대포알로 쓴 자니베크 칸.

안의 크림 반도에 있는 유럽의 입구로서 온 세상의 물건들이 여기를 통과한다는 곳이었지만 원래 주인이던 제노바 및 유럽 사람들과 신세력인 몽골인들이 자주 충돌하곤 했지요. 지금도 그렇지만 결국 문제는 돈과 종교였습니다. 카파 항 근처의 도시인 타나의 거리에서 한 이탈리아 상인과 현지에서 살던 무슬림들이 싸움이 붙었습니다. 치고받고 싸우다가 술친구라도 되었다면 좋았을 테지만 무슬림 한 명이 죽고 말았습니다. 킵차크 한국의 10대 칸으로서 당시 몽골군 지휘관이었던 자니베크는 스스로를 '이슬람의 수호자'라 칭하곤 했기 때문에 유럽인에 의해 무슬림이 죽은 이 상황을 도저히 그냥 넘길 수 없었습니다.

그래서 자니베크는 타나를 포위해버렸죠. 그리고 마치 요즘 사람들이 화가 나면 휴대폰 문자 메시지로 서로를 욕하듯 이들 역시 모욕적인 서신을 주거니 받거니 하며 분노를 키워나갔고, 어찌어찌하면서 쫓고 쫓기다보니 카파 항까지 가서 대치하게 되었습니다. 그러던 와중에 몽

토겐부르크 성서에 묘사된 흑사병 환자(1411).

골군이 갑자기 픽픽 쓰러지기 시작합니다. 바로 페스트, 훗날 흑사병이라 불리는 무시무시한 전염병의 등장이었죠. 유럽인들은 신께서 이슬람을 벌하시는 거라고 아주 좋아했다고 해요. 결국 몽골군은 어쩔 수 없이 퇴각해야만 했습니다. 아파 죽겠다는 병사들을 이끌고 전쟁을 벌일 수는 없는 노릇이었으니까요.

그런데 여기서 재미있는 이야기는 몽골군이 투석기를 이용하여 병에 걸려 죽은 병사들의 시체를 성 안으로 던져버렸다는 것입니다. 사람들은 기겁하여 시체를 들쳐 매고 마을을 지나 바다에 버렸는데 덕분에 병균은 마을 곳곳으로 스며들었죠. 갑자기 성 안 사람들도 하나둘 쓰러지기 시작했고 건강한 사람들은 서둘러 배를 타고 흑해에서 지중해로 도망쳤습니다. 만약 이 이야기가 진짜라면 '인류 역사상 최초의 생물학

의사도 성직자도 닥쳐오는 죽음 앞에선 할 수 있는 것이 없었다.

전'이라고 하겠지요. 하지만 이것은 모두 꾸며낸 이야기라는 주장도 있답니다. '신이 이슬람을 벌하기 위하여 병을 보내신 것'이라고 주장하고 다녔던 유럽인들이 자신들의 생각과는 달리 교회를 착실히 다니는 유럽인들까지 시름시름 앓으니 매우 당황하여 자신들의 주장이 틀린 것이 아니라 죽은 사람을 성벽 너머로 던지는 끔찍한 짓을 한 몽골군이 야말로 신의 뜻을 거스른 것이라며 '내 말은 틀리지 않았어!'라고 합리화하기 위해 만들어낸 것이라는 주장이지요. 어느 쪽이 사실이건 설령 시체가 던져지지 않았더라도 작은 쥐들은 얼마든지 도시로 유입되었을 것이고 전염병은 가차 없이 퍼져나갔을 것입니다.

흑해에서 지중해로 도망치기 위해 배에 올라탄 사람들과 함께 병균을 짊어진 쥐들도 배에 올랐습니다. 그들은 바다를 유유히 항해했고 그 폐쇄적인 공간에서 사람들은 모조리 흑사병에 감염되었죠. 여러 척의 배가 제노바 항구에 도착했을 때 제노바 사람들은 기절할 듯 놀랐습니다. 모든 선원들은 금방이라도 죽을 것 같아 보였고 감염이 너무나 심각했기에 공기로 전염될 정도로 끔찍한 전염성을 가진 병이라는 게 자명했으니까요. 그래서 제노바 사람들은 불화살을 쏘아대며 이들을 쫓아내버렸습니다. 결국 사람들은 배에서 내리지 못하고(쥐들은 밧줄을 타고 내렸을지도 모릅니다) 유럽의 여러 항구로 흩어지게 되었습니다. 아무도 내리지 않았건만 페스트는 제노바는 물론 시칠리아와 이탈리아에 빛의 속도로 퍼져나갔습니다.

핵폭탄에 버금가는 파괴력을 지녔다던 흑사병으로 인해 아시아 일부와 유럽은 멸망 위기에 처했습니다. 흑사병이 휩쓸고 간 14세기 중반에 유럽 인구의 33%가 사라져 버렸습니다. 피해가 컸던 이탈리아의 도시, 영국 동부와 프랑스 시골에서는 인구의 무려 40~60%가 사망하였죠. 중국은 13세기 초반에는 인구가 1억 2,300만 명 정도였지만 14세기 말이 되자 6,500만 명으로 폭삭 줄어들기도 하였습니다.

> "만약 오늘날 흑사병 수준의 재앙이 발생한다면 그 희생자는 19억 명에 이를 것이다." [주2]

하지만 사실 흑사병은 예전부터 있었습니다. 공포에 질린 이들이 생각한 것처럼 어느 날 갑자기 하늘에서 뿅, 나타난 병이 아니었죠. 그런데 당시에만 유독 사람들이 이처럼 속수무책으로 죽어 나간 데는 여러 가지 이유가 있습니다. 물론 흑사병으로 죽은 사람 수부터 흑사병의 원인까지 학자들마다 의견이 분분하지만 가장 일반적인 이유를 꼽자면,

파울 페르스트가 그린 「로마에서 온 부리 의사 선생님」(1656). 의사들의 부리 속에는 짚과 각종 향료가 들어 있어 병을 몰고 오는 '나쁜 공기'로부터 의사를 보호해준다고 믿었다. 손에 든 지팡이는 환자들을 손대지 않고 치료할 수 있도록 해주는 도구였다.

온 세상이 공포와 절망으로 물들었다. 전염병은 청년과 노인, 부자와 가난한 자, 왕과 노예를 가리지 않고 찾아왔다. 그림은 대(大) 피터르 브뤼헐의 「죽음의 승리」(1562).

앞에서 말한 대로 사람들이 돌아다니기 시작했다는 점을 들 수 있습니다. 예전에는 다들 자기 동네 안에서만 살았는데 교역을 시작하면서 고립된 초원에 사람들이 지나다니기 시작했다는 점이 크죠.

당시는 환경도 그다지 좋지 않아 소빙하기라고 불리는 추위가 찾아왔던 시기입니다. 출산율이 높아져 아이들은 늘어나는데 날이 추워서 농작물은 잘 자라지 못했고 그 때문에 사람들의 영양 상태는 아주 좋지 못했죠. 위생은 두말할 것도 없이 좋지 못했는데, 특히 도시에서는 사람들이 바글바글 모여 살고 있음에도 불구하고 집을 깨끗하게 하는 것이라고는 요강을 창 밖에다 비우는 것뿐이었습니다. 그러니 길거리에서는 사람 배변 밟고 다니기가 예사였죠. 냄새가 장난 아니었겠죠? 그런 상황이니 검은 쥐가 떼로 몰려다녔고 초원에서 말 등 타고 나타난 페스트균에 감염된 벼룩은 도회의 검은 쥐들 등으로 옮겨 탔습니다. 일반 벼룩이 피를 쭉쭉 빨아 먹고 '배부르고 등 따시니 좋구나!' 한다면 페스트균에 감염된 벼룩은 균 때문에 배가 부르지 못해 계속 피를 빨고 다녔습니다. 그러면서 균을 여기저기로 옮기고 다녔죠.

쥐들도 수없이 죽어 나갔지만 쥐 따위에 신경 쓸 상황이 아니었습니다. 사람이 감염되기 시작했으니까요. 2~6일의 잠복기가 지나면 보통 몸의 접히는 부위에 둥그런 종기가 생겨났습니다. 종기의 크기는 대부분 달걀만 했고 심하면 사과처럼 부풀어 올랐죠. 달걀에 사과라니, 그런 것이 사람 몸에 생겨난다고 생각해보면 보통 엄청난 크기가 아닙니다. 그런 커다란 덩어리가 사타구니나 겨드랑이 등에 일단 생기면 사라지지 않아 한쪽 팔을 못 쓰거나 절뚝거리고 다녀야만 했습니다. 환자는 점점 고약한 냄새를 풍기기 시작했는데 이 냄새 때문에 사람들은 병자를 안쓰러워하기는커녕 경멸하고 피했습니다.

가슴이나 등에는 마치 누군가에게 얻어맞은 것처럼 보라색 반점이 나타났고 페스트균이 폐로 들어가면 환자는 끔찍하게도 피를 토하는 기침(각혈)을 했는데, 이쯤 되면 페스트균은 더 이상 벼룩에 빌붙을 필요 없이 공기 속에 둥둥 떠다니며 전염되었습니다. 이렇게 각혈까지 하기 시작하면 치사율은 100%에 달했고 사람들은 눈만 마주쳐도 전염이 된다며 공포에 떨었습니다. 눈만 마주쳐도 전염되는 것도 사실이었던 것이, 눈이 마주칠 정도로 가까이 다가오면 공기 중에 떠다니던 균에 감염

아르놀트 뵈클린이 1898년에 그린 「흑사병」. 무시무시한 흑사병의 공포를 잘 표현했다.

되어 버렸을 테니까요. 죽은 사람의 시신을 치우거나 물건을 만지기만 해도 감염이 될 정도인데 치료법이라곤 전혀 없었으니 얼마나 공포스러웠을 지 상상이 됩니다.

흑사병의 마지막 단계에서 실성하여 옷을 찢거나 높은 곳에서 몸을 던지거나 하는 행동들이 기록되기도 했는데 이런 증상은 현대에는 관찰되지 않는 것을 보면, 아무래도 당시 죽음이 다가오고 있음을 직감한 공포가 사람들을 이런 이상행동으로 몰아간 것이 아닌가 짐작됩니다. 증세가 나타나면 보통 2~5일 사이에 사망하였다고 하지만 몇몇은 몇 시간도 되지 않아 세상을 떠났습니다. 이처럼 사방에서 사람들이 픽픽 쓰러져 죽어버리니 무덤을 팔 시간도, 인력도 충분하지 않아서 처음에는 관 하나에 사람을 둘씩 넣어 매장하다가 나중에는 엄청나게 커다란 구덩이를 파고는 그 안에 사람 넣고 흙 뿌리고, 사람 넣고 흙 뿌리기를 반복하기도 했습니다.

"아버지는 아이를 버리고, 아내는 남편을, 형제는 자기 형제를 버렸다. 이 페스트는 우리 숨과 눈을 뚫고 가는 것처럼 보인다. 그들은 그렇게 죽었다. 그리고 우정으로나 돈으로도 죽은 이를 묻을 사람이 없었다. 시에나의 여러 지역에서 커다란 구덩이가 파지고 시신이 몇 겹이나 쌓였다. 그리고 나 아뇰로 디 투라(Agnolo di Tura)는 내 손으로 다섯 자식을 묻었으며, 다른 이들 역시 그러했다. 시신 가운데는 흙이 제대로 덮이지 않아 개들이 먹어치우는 경우도 있었다." [주3]

1347년 흑사병의 공격을 제대로 받은 이탈리아 시에나에서는 1229년에 공사가 시작된 아름답고 화려한 시에나 대성당의 확장 공사가 진행 중이었지만 흑사병의 위력에 공사가 중단되기도 했습니다. 결국 초기 계획은 수정되었고 1380년에야 겨우 완성시킬 수 있었죠.

당시 의사들은 지진으로 인해 갈라진 땅에서 독기를 머금은 공기가 나와 그 공기가 돌아다니면서 병을 일으키는 것이라 생각했습니다. 그래서 바람이 많이 부는 곳을 피하라든지 하는 처방을 내렸죠. 반대로 독기를 머금은 액체를 만들어서 언덕 위에 놓아두면 사람들을 병에 걸리게 만들 수 있다고 믿기도 했습니다. 파리 대학 의학부 교수들은 목성과 토성과 화성이 만났기 때문에 전염병이 생겨났다고 말하기도 했지만 대부분의 사람들은 누가 뭐래도 이것은 자신들이 저지른 죄악에 대한 신의 분노라고 믿었습니다.

수많은 사람들이 죽어나가는 가운데 성직자들의 치사율이 무척 높아 이 일이 신의 분노라고 생각하는 사람들에게 충격을 안겨주었습니다. 마치 신의 사자들이 신의 분노를 가장 많이 받는 것처럼 보였기 때문이었죠. 하지만 성직자들의 사망률이 높았던 진짜 이유는 교회 앞마당에 공동묘지가 자리 잡고 있는 유럽 교회의 구조 때문이었습니다. 성직자들이 아주 얇게 파묻힌, 병으로 인해 갓 죽은 수많은 시신들 틈바구니에서 살고 있었기 때문에 전염 가능성이 훨씬 높았던 것이지요.

모든 것이 '신이 내린 벌'이라고 생각했던 사람들은 신의 분노를 풀기 위해 다양한 일들을 행하기도 했습니다. 그중 가장 두드러진 것은 '채찍질 고행단'의 등장입니다. 고대부터 사람들은 신을 섬기기 위해서는 약간의 희생이 불가피하다고 생각했습니다. 그래서 달이 뜨면 성기를 때리거나 찍어 피를 내기도 하고 몰아치는 태풍이나 끝없는 가뭄 앞에 자해하기도 하고 애 많이 낳으라며 신부를 채찍질하기도 하고 술의 신 디오니소스를 위해 예배를 드리다가 흥에 겨워 스스로를 때리기도 했죠.

11세기에 이탈리아의 수도승들이 죄를 참회하고 자신들의 죄에 벌을 내리기 위해 스스로에게 고통을

신이시여 제 죄를 벌하소서! 채찍질 고행단은 자신들의 죄는 수천 번의 채찍질로도 씻을 수 없다고 생각하였다.

주고 자신의 등에 채찍질을 하기 시작했습니다. 살이 다 터져 피가 옷을 적실 정도로 스스로를 때리고 그래도 멈추지 않았으니 얼마나 이를 악물고 때렸을지 알 만하지요. 13세기 중엽에 이탈리아의 페루자에 기근이 번지기 시작했고 이것이 신의 분노라고 생각한 사람들은 자신들이 죄를 회개하고 있다는 것을 행동으로 증명하면 신이 화를 풀 것이라고 생각하였습니다. 그래서 수도승들이 하던 것을 따라하며 스스로를 채찍질하기 시작합니다.

그중 무리지어 채찍질하면서 이 동네에서 저 동네로 돌아다니는 사람들이 나타났으니 그들이 바로 '채찍질 고행단'이었습니다. 몇 백에서 몇 천 명씩 몰려다니면서 스스로를 채찍질하고 회개해야 한다는 이유로 옷도 갈아입지 않고 씻지도 않은 이들은 흑사병이 돌기 시작하자 모두 함께 회개하여 병을 물리쳐야 한다며 마을을 돌아다녔습니다. 하지만 오히려 그들이 흑사병을 동네방네 배달해준 셈이 되었죠.

프란시스코 고야가 그린 「채찍질 고행단의 행렬」. 닥쳐오는 죽음 앞에 사람들은 맹목적으로 신에게 매달리고 기도하며 채찍질 고행단을 따랐다.

그런가하면 1349년 벨기에의 투르네에서는 지금 하는 모든 죄악을 어서 고치고 도덕적이고 바른 삶을 살아야 한다고 생각했습니다. 그래서 투르네의 시위원회는 사람들에게 죽기 싫으면 빨리 착하게 살라고 했죠. 이처럼 유럽 곳곳에서 도덕적으로 살아야 병에 걸리지 않는다는 이야기가 돌아 실제로 사람들은 욕 한 마디 안 하는 착한 시민이 되었지만, 그렇다한들 당연히 흑사병의 기세는 전혀 수그러들지 않았습니다. 결국 몇몇은 '뭐야 이래봤자 그게 그거잖아!' 하며 죽은 사람들의 집을 차지하고는 부어라 마셔라 하고 도박, 살인, 강간, 강도짓 등을 하며 온 마을을 떠돌아 다녔습니다.

다가오는 죽음의 검은 그림자 앞에서 도덕을 내팽개치고 타락해 가는 사람들이 넘쳐나는 한편, 많은 수녀들과 의사들은 목숨을 걸고 환자를 보살피고 망자를 묻어주다 쓰러지기도 했습니다. 이처럼 눈앞에 닥친 공포 앞에서 인류가 선과 악의 극과 극을 오가는 모습은 당대에도 후대에도 강렬한 인상을 남겼습니다.

"파두아의 연대기 작자들에게 있어 흑사병은 신이 적어도 몇 사람은 살아 인류를 잇도록 허락했던 노아의 방주보다도 종말에 가까운 것이었다. 유럽의 다른 쪽, (아일랜드의) 킬케니의 존 클린은 자신의 연대기 마지막에 빈 페이지를 남겨두었다. 혹시라도 미래에 누군가 살아남았을 경우를 위해서." 주

착한 사람, 악한 사람, 어린 아이, 노인, 부자, 거지 등등 남녀노소 지위고하를 막론하고 떼거지로 죽어나가는 상황에서 사람들은 자신들의 절망을 분노로 전환시켜 스트레스를 풀 대상이 필요했습니다. 그것은 바로 유대인, 아랍인, 한센병(나병) 환자, 마녀들이었죠. 마녀 이야기는 뒤에서 자세히 하기로 하고, 그 외에 가장 피해를 많이 본 것은 유럽에 널리 퍼져 있던 유대인들이었습니다. 1348년 4월 13일 프랑스의 도시 툴롱에서는 유대인들을 학살하여 하룻밤에 40명이 사망했습니다.

이런 광기는 주변으로 퍼져 나갔고 종종 개종하면 살려주겠다는 제안을 받기도 했지만 대부분 이를 거절하고 가족과 함께 불 속으로 들어가거나 스스로 자기 집에 들어가 불을 질러버리기도 했습니다. 마을 사람들에게 붙잡혀 고문당하고 치욕스럽게 죽느니 차라리 스스로 죽음을 택하겠다는 의지의 표현이었죠. 이는 점차 심해져 약 1년 뒤에 노트르담 대성당이 있는 프랑스의 스트라스부르에서는 아직 흑사병이 발병하

모두가 유서부터 쓰는 세상. 미카엘 볼게무트가 그린 「죽음의 무도」(1493).

지도 않았는데도 공포에 질린 사람들에 의해 무려 2,000명의 유대인이 죽음을 당했습니다. 심지어 금을 숨겨 가는 것 아니냐며 죽으러 가는 사람들의 옷을 찢기도 했죠. 상황이 이렇다보니 시시각각 다가오는 죽음의 공포에 유대인들이 그리스도교인들을 먼저 죽이기도 했지만 수적으로 절대적 열세인 상황에서 이런 행동은 오히려 유대인들에게 더욱 큰 피해를 불러왔습니다. 그런 상황에서 마르세유는 유대인들을 공격하지 않고 도망쳐오는 유대인들의 피난처가 되어주기도 했습니다.

1350년 무렵이 되자 서유럽에서는 흑사병이 물러나기 시작했습니다. 이때쯤에는 모든 사람들이 다가오는 죽음을 당연시하며 유언장을 작성하고 죽기만을 기다리고 있을 정도였죠. 드디어 신의 분노가 사그라들었다며 기뻐한 것도 잠시, 11년 후인 1361년에 다시 한 번 흑사병이 몰아쳤습니다. 사람들은 끝났다고 생각했지만 사실은 전염병의 기세가 잠시 주춤했던 것에 불과했기 때문이죠. 흑사병이 주춤하던 11년 동안에 태어났던 어린 아이들이 흑사병에 면역력이 없어 유독 많이 죽었고 이미 흑사병으로 인해 인구의 절반이 사라진 곳들에서 또다시 20~25%씩 사망하였습니다. 그 뒤로도 무려 한 세기 동안 전염병이 할퀴지 않고 있을 때가 없었습니다. 그로부터 300여 년이 지난 1665년 런던에서 몰아친 런던 대역병은 흑사병의 일종이었으리라 짐작되는데 이로 인해 2년 만에 7~10만 명이 죽음으로 몰렸습니다. 그러다가 런던을 잡아먹다시피 했던 런던 대화재로 인해 얼떨결에 소독(?)이라도 된 것인지 겨우 수그러듭니다.

흑사병은 중세 유럽 사회를 쑥대밭으로 만들어버렸고, 모든 것을 뒤흔들어 버렸습니다. 사람들이 하도 많이 죽다보니 예전에는 하늘 높은 줄 모르고 치솟던 식품 가격은 먹을 사람이 없어 뚝 떨어지고 생필품은 만드는 사람이 없으니 가격이 올랐습니다. 사람이 없으니 인건비가 쑥쑥 올라가 지배 계층은 식품 가격은 낮은데 인건비는 비싸므로 재산이 쭉쭉 감소했고 하층민들은 자신들의 노동력을 훨씬 비싼 가격에 팔 수 있게 되었죠. 이후 세계대전 때 일어났던 현상처럼 늘 뒤에서 보조 역할만 하거나 일할 수 없었던 여자들은 일자리는 있지만 일할 사람은 없으니 남자들이 하던 일을 맡아서 하거나 직접 사업을 운영하게 되었습니다. 예나 지금이나 지배 계층은 자신들이 좋았던 시절로 돌아가고자 하는 회귀 본능이라도 있는 것인지 격변하는 시대의 흐름을 읽지 못하고 임금을 흑사병 이전 수준으로만 지급하려 하여 분노한 농민들이 거센 반란을 일으켰습니다. 결국 폭동이 수 차례 일어났죠.

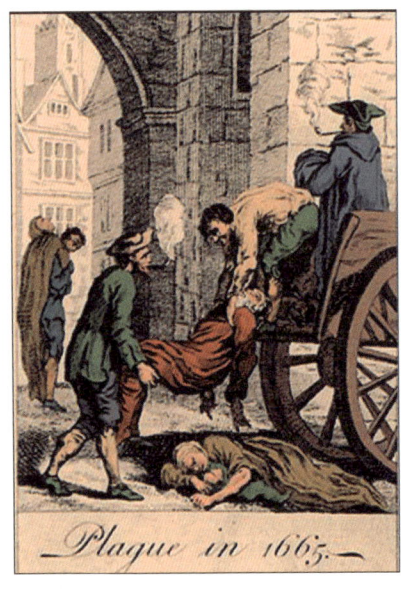

런던 대역병 당시 상황. 런던 대역병은 사람들을 또 한 번 공포에 몰아넣었다.

노동력이 부족하다는 것은 생각보다 좋은 효과를 불러왔습니다. 예전에는 책을 일일이 손으로 썼는데 이제는 이것이 너무 비싸게 먹히다 보니 사람들은 고민에 고민을 거듭했고 요하네스 구텐베르크라는 조판공이 1453년에 유럽 최초의 인쇄기를 만들어냈습니다. 이 인쇄기 덕분에 대량 인쇄가 가능해졌고 이것은 훗날 종교개혁에 지대한 영향을 미쳤습니다. 광부들도 어부들도 농부들도 모두 부족한 노동력을 해결할 만한 기계들을 발명하고 활용하기 시작했지요.

무려 셋 중 하나가 죽는 끔찍한 전염병이 온 유럽을 휩쓸었는데도 아무것도 하지 못했던 의사들은 의학을 발전시키는 데 집중했고 현대 의학의 기틀이 잡히기 시작해 병원과 공중위생 개념이 생겨났습니다. 종교계에서는 신의 분노로 생겨난 병이었다면 교회는 병을 없애기 위해 무엇을 했느냐는 등 수많은 비난이 쏟아졌고 사람들은 교회가 무조건 옳은 것은 아니라 생각하며 종교개혁을 향해 한 발짝 다가갔습니다. 재미있는 것은 이처럼 비난을 퍼부으면서도 사람들이 더욱 교회에 매달렸다는 점입니다. 또 다시 신에게 밉보이면 이런 공포가 다시 내려올지 모른다고 걱정했던 듯, 순례자들의 숫자도 흑사병 이전에 비해 줄어들지는 않았습니다.

　대부분의 사람들은 죽음을 인식하면서도 그것이 나에게 당장 닥쳐올 수 있다는 생각은 하지 못합니다. 그래서 남이 죽는 것을 보아도 내게 무슨 일이 생길 것이라고 생각하지 않죠. 그것은 옳거나 그른 것이 아니라 우리 모두가 가진 인간으로서의 특성일 것입니다. 흑사병은 그런 생각을 뿌리까지 뒤흔들어버린, 당대 모든 사람들을 죽음 앞에 평등한 공포에 질리게 만든 전염병이었습니다.

　참, 흑사병黑死病이라는 이름은 사실 이 병이 위용을 떨치던 시절에는 등장하지 않았습니다. 당시에는 '거대한 죽음(great mortality)'이라고 불렸죠. 17세기가 되어서야 흑사黑死, 즉 '검은 죽음'이라는 이름이 등장했는데 이 이름이 흑사병이 가져다준 끝없는 공포를 잘 상징했기에 계속 사용되고 있습니다. 말하자면, 병의 증상 중 신체가 검게 변하는 것과 흑사병이라는 이름은 관련이 없답니다.

작은 세계사 1

검은 태양, 전쟁을 종식시키다

역사를 돌이켜 보면 전 세계의 인류가 전쟁에 휘말리지 않고 평화롭던 시기는 3400년의 기록된 역사 중 모두 합쳐 250여 년 정도밖에 되지 않는다고 합니다. 이처럼 인류를 끊임없이 괴롭혀온 전쟁은 정말 어처구니없는 이유로 시작하기도 하고 놀라우리만치 손쉽게 끝나버리기도 하죠. 그런 역사 속에서 천문현상이 전쟁의 끝을 이끌어낸 역사 속 둘도 없는 사건이 있습니다.

그야말로 멀고 먼 옛날인 기원전 585년의 어느 날. 그날도 사람들은 평소와 다름없이 전쟁을 벌이고 있었습니다. 이란의 고대 왕국인 메디아와 오늘날 터키를 이루고 있는 아나톨리아 반도에 있던 리디아 간에 벌어진 전쟁이었죠. 이 아나톨리아 반도를 놓고 땅 싸움을 하느라 팽팽해진 긴장감 속에 전쟁에 가장 중요한 조건 '명분'이 충족되는 일이 일어납니다. 바로 메디아 왕의 여러 아들 중 하나가 살해당한 것이었죠. 메디아 왕에게 모욕당했다는 이유로 왕의 아들을 죽인 자들은 자식을 잃은 아버지의 분노를 피해 잽싸게 메디아의 적국 리디아로 도망쳤습니다. 메디아는 살인마들을 내놓으라고 리디아에 곧바로 요구했지만 적국의 왕자를 죽인 살인마들에게 뽀뽀라도 해주고 싶은 심정이었을 리디아에서 그들을 내놓지 않겠다고 버티자 전쟁은 당연한 수순이었습니다. 그리고 두 나라는 지지부진한 전투를 반복하며 무려 5년이 넘도록 전쟁을 지속했습니다.

6년째 전쟁이 지속되던 어느 날, 양측의 군사들이 격돌하려는 그 순간, 하늘이 갑자기 어두워졌습니다. 병사들은 모두 하늘을 올려다보았고 곧 충격에 휩싸였지요. 언제나 찬란하게 타오르는 빛, 생명의 근원인 태양이 달에 가려 그 빛을 잃어버리고 만 것입니다. 바로 개기일식이었죠.

당시 개기일식이나 개기월식은 혜성과 더불어 그야말로 공포의 대상이었습니다. 신이 뭔가 말을 하고 있다거나 저주의 상징이라 여겼죠. 두 나라의 모든 병사들은 무기를 내려놓았고 왕들은 서둘러 만나 평화조약을 맺었습니다. 그리곤 리디아 왕의 딸과 메디아 왕의 아들을 결혼시켰죠. 방금 전까지 "저놈의 목을 당장 가져와라!" 라고 외치던 두 왕이 얼떨결에 사돈이 되어버린 셈이죠. 빨리 전쟁을 끝내지 않으면 신의 분노를 맞닥뜨리게 될 것이라 생각했던 것일까요?

기원전 585년에 일어난 이 개기일식은 전쟁을 끝내게 한 것으로도 유명하지만 그 밖에도 최초로 예측된 개기일식으로도 유명합니다. 그리스의 유명한 철학자 탈레스(BC 624~BC 545)는 기원전 585년에 개기일식이 일어날 것이며, 메디아와 리디아의 전쟁이 개기일식으로 인해 끝날 것이라고 예언했다고 합니다.

탈레스가 몇 월 며칠에 개기일식이 일어날 것이라 말한 것은 아니지만 개기일식이 날이면 날마다 일어나는 일도 아니기에 두 나라 사이에 벌어진 이 '개기일식 전투'는 기원전 585년 5월 28일 저녁 시간대에 일어났을 것으로 주장되고 있습니다.

만약 5월 28일에 일어났던 개기일식이 두 국가의 전쟁을 끝내게 한 것이라면 정확한 날짜를 알 수 없는 경우가 대부분인 고대사에서 정확한 날짜는 물론 시간대까지 알 수 있는 희귀한 자료인 셈입니다.

전쟁을 벌이던 중 갑작스런 개기일식에 놀란 병사들.

3. 치마를 찢고 스스로를 보호하라!
― '잔 다르크의 원형'으로 여겨지는 브르타뉴 공작 부인

터프하고 강인한 여자. 내 남자와 내 가족, 내 나라를 지키기 위해 거침없이 칼을 치켜들고 군대를 이끌며 나가는 여전사의 모습은 감탄을 자아내곤 합니다. 요즘은 성차별을 없애기 위한 노력을 많이 함에도 불구하고 자기주장에 거침없는 여성이나 터프하고 강인한 여자, 하면 기가 세다며 그런 특성이 남성들의 전유물인 양 꺼리는 이들이 존재합니다. 그렇다보니 여성 인권 운동이 전무했던, 우리가 보고 있는 이 멀고 먼 과거에 그저 조신해라, 참해라 소리를 듣고 살았을 여성들의 당찬 모습은 놀랍고 흥미로운 반전입니다.

그럼 일반적으로 가장 유명한 여전사는 누구일까요? 제 머릿속에는 프랑스를 지키기 위해 신의 부름을 받았다고 나타나 정말로 프랑스를 여러 전투에서 승리하게 만든 잔 다르크가 맨 먼저 떠오릅니다. 고작 12살의 나이에 천사들을 보기 시작하여 16살에는 프랑스 왕을 놀라게 했

던 신비로운 소녀! 그렇다면 과연 잔 다르크는 어느 날 짜잔, 하고 나타난 전혀 새로운 여성상일까요?

당연히 그렇지 않습니다. 예나 지금이나 터프한 언니들은 있기 마련이었죠. 여기서는 잔 다르크뿐만 아니라 빅토리아 시대 여성 운동의 모티브가 되었던 당차고 강인한 여성, 내 남자와 내 가족, 내 지위를 지키기 위해서 칼을 빼들고 군대를 이끌고 전장으로 달려간 한 여성의 이야기를 해보겠습니다.

그녀의 이름은 플랑드르의 요하나(1295 무렵~1374)였지요. 귀족의 딸인 요하나의 어머니는 레델 백작 부인이었고 아버지는 느베르 백작이었습니다. 백작의 딸로 태어난 요하나는

플랑드르의 요하나.

몽포르의 존과 결혼을 하였는데요. 이 몽포르의 존이 브르타뉴 공작 작위가 자기 자리라고 주장하면서 모든 문제가 시작됩니다.

브르타뉴가 영국을 칭할 때 사용되는 브리튼과 비슷하여 영국이라고 오해하는 경우도 있는데 사실 브르타뉴는 프랑스 북서부에 톡 튀어나와 있는 반도랍니다. 브리튼은 잉글랜드, 스코틀랜드, 웨일스를 통틀어 부르는 이름이고요. 브르타뉴 공작이란 약 939년부터 1547년 무렵까지만 있었던 작위인데요. 브르타뉴 공작 작위를 둘러싼 이 문제를 자세히 알기 위해서는 터프한 요하나보다 시간을 좀 더 거슬러 올라갈 필요가 있습니다.

옛날 옛날 아주 먼 옛날인 13세기 말, 아서 2세라는 브르타뉴 공작이 있었습니다. 흔하디 흔한 이름을 가진 이 남자는 외가가 무려 왕족이었는데요. 『스캔들 세계사』 1권에서 영국을 250년 동안 통치했던 플랜태저넷 왕가의 시작에 대해 이야기했던 것, 기억하세요? 그때 헨리 2세가 시조라고 말했습니다. 헨리 2세는 존을 낳았고, 존은 헨리 3세를 낳았고, 헨리 3세는 아들 둘에 딸 셋을 낳았는데, 그중 딸이자 영국 공주인 비아트리스가 브르타뉴 공작인 존 2세랑 결혼해서 아서 2세를 낳은 것이죠. 이름이 다들 똑같아서 헷갈리시죠? 이건 무슨 '아담은 야곱을 낳고 야곱은 아브라함을 낳고 아브라함은 이삭을 낳고……' 하는 『구약성서』도 아니고 너무 복잡해 머리가 터져 버릴 것 같겠지만 오른쪽 계보도를 한 번 차근차근 훑어보세요. 보다보면 '아하!' 싶은 순간이 찾아옵니다.

요하나의 시아버지, 아서 2세.

영국 공주와 브르타뉴 공작 사이에서 태어난 아서 2세는 무럭무럭 자라 브르타뉴 공작의 작위를 물려받게 되었습니다. 그리고는 결혼을 해서 아들 셋을 낳았지요. 아들들의 이름은 각각 존, 가이, 피터였습니다. 막내아들 피터가 고작 2살쯤 되었을 때 첫 부인이 사망하자 다음 해에 새 부인을 맞아들이지요. 첫째 부인과 육촌 사이인 둘째 부인과의 사이에서 아서 2세는 여섯 아이를 낳습니다. 그중 첫째인 몽포르의 존이 우리의 주인공 요하나와 결혼을 하지요. 네, 한 집에 존이 2명입니다. 이

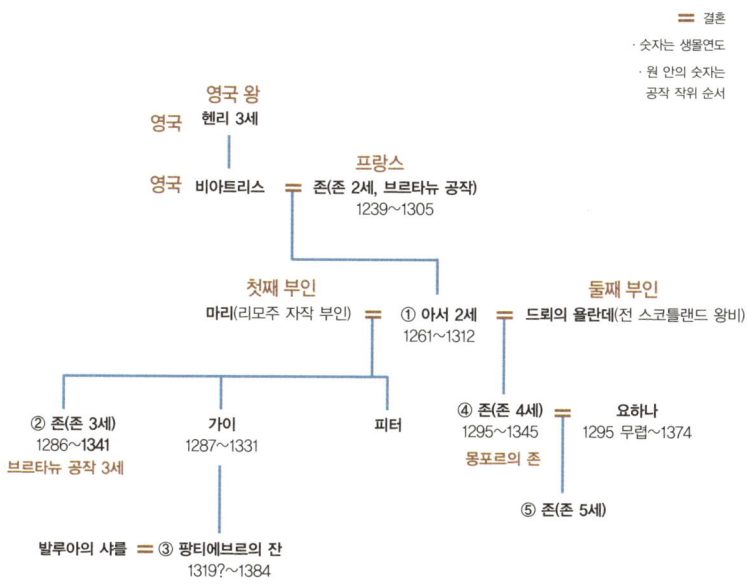

렇게 아이들을 많이 낳아놓고 아서 2세는 사망하면서 첫 부인과 사이에 낳은 첫째 아들 존에게 작위를 물려주었고 존은 브르타뉴 공작 존 3세가 됩니다.

존 3세가 아버지처럼 아이들을 쑥쑥 낳았더라면 문제는 전혀 없었을 텐데 이 가족은 생각보다 문제가 많은 집이었습니다. 첫 부인에게서 태어난 아들이었던 존 3세는 새어머니를 아주 싫어했고 새어머니의 자식들, 그러니까 자신의 이복형제들에게는 땡전 한 푼 주고 싶어하지 않았습니다. 심지어 자신이 공작이 되고난 후 몇 년 동안은 새어머니와 아버지의 결혼이 불법이며 그 사이에서 태어난 아이들은 서자라고 주장하려다 실패하기도 했습니다. 그러니 반드시(!) 후계자를 낳아야 했는데 안타깝게도 아들은커녕 딸도 태어나지 않았습니다. 무려 결혼을 3번이나 했는데 말이죠! 존의 입장을 변호해서 한마디하자면, 첫 번째 결혼은 존 3세가 11살, 부인은 5살일 때 한 결혼이었으니 도저히 아이를 낳을 수 없었겠지요.

게다가 둘 있던 동생 중 막내 피터는 겨우 23살에 죽어버렸고 둘째 가이는 팡티에브르의 잔이라는 딸만 하나 달랑 남겨놓고 죽었습니다. 이 딸이 누구랑 결혼을 했느냐면, 발루아의 샤를과 했습니다. 발루아는 프랑스 왕가의 이름으로 샤를은 부인인 잔의 할아버지, 아서와 마찬가지로 왕가의 자손이었죠. 정확히는 프랑스 공주의 아들이자 프랑스 왕인 필립 6세의 친조카였죠.

존 3세의 입장에서 정리를 해보자면 자신과 같은 어머니를 둔 형제라고는 남아 있지 않고 프랑스 왕가와 연결된 남편을 둔 조카딸만 하나 있었습니다. 하지만 같은 아버지를 둔 형제로는 이름이 똑같은 존(몽포르의 존)이 있었지요. 새어머니를 정말이지 끔찍이도 싫어했던 존 3세는 그냥 공작 작위를 프랑스 왕가에 넘겨버리고 싶어 했지만 신하들이 결사반대했고 그래서 존 3세는 조카딸인 팡티에브르의 잔을 자신의 후계자라고 선언합니다.

한 번 마음을 정했으면 끝까지 갈 것이지, 존 3세는 얼마 후 새어머니의 아들이자 이복동생인 몽포르의 존과 화해를 하는데요, 갈대 같은 마음을 가진 그는 죽기 직전에 몽포르의 존을 자신의 후계자로 선언하고는 1341년에 사망하고 맙니다. 이를 문서화했어야 아무 문제없이 몽포르의 존에게 공작 작위가 넘어가는데 존 3세가 죽기 직전에 말로만 선언을 하는 바람에 문제가 생겨버렸습니다. 말을 하긴 했으니 몽포르의

우유부단한 존 3세의 죽음. 슬퍼할 새도 없이 다시 자리 다툼이 시작되었다.

존을 무시할 수는 없고 그렇다고 문서로 후계자라고 이미 정해져 있는 조카딸 잔을 무시할 수도 없는 노릇이었죠. 그러니 후계자 후보가 조카딸과 배다른 남동생, 둘이 되어버린 것이죠.

공작 작위가 후계자도 없이 공중에 붕 떠버리자 모두가 예상하듯이 당연히 싸움이 일어납니다. 그냥 단순히 삼촌과 조카의 싸움일 뿐일까요? 그렇다면 앞에서 그토록 열심히 족보를 설명할 이유가 없었겠죠. 자, 지금까지 존 3세가 죽으면서 공작 작위가 등장했고 각 팀에서 후보들이 세워지면서 브르타뉴 계승 전쟁의 종이 울렸습니다. 이제 다른 나라에서 얼씨구나, 하고 누군가의 편을 들고 끼어들 차례지요.

존 3세와 그의 배다른 형제인 몽포르의 존의 아버지는 아서 2세였죠. 아서 2세의 어머니는 영국 공주였으니 영국은 몽포르의 존을 지원합니다. 조카딸인 팡티에브르의 잔은 프랑스 왕가 출신인 샤를과 결혼했으니 프랑스에서는 잔의 편을 들었죠. 역사 속에서 수도 없이 일어난 많은 전쟁 중에서 이 브르타뉴 계승 전쟁이 중요한 것은 그렇잖아도 족보 문제로 불붙기 시작했던 그 유명한 백년전쟁의 서막을 알리는 데 한몫한 필수적인 전쟁이 되었기 때문입니다.

　백년전쟁이란 영국과 프랑스가 1337년부터 1453년까지 무려 116년 동안이나 '프랑스 왕위가 과연 누구 것이냐?'를 놓고 피 터지게 싸웠던 전쟁입니다. 물론 116년 동안을 하루도 쉬지 않고 싸웠던 것은 아니고 계속 뜨문뜨문 이어간 전쟁이죠. 기간이 길다 보니 전투도 많고 복잡한 백년전쟁을 이해하려면 시작을 짚어봐야 하는데 그 시작은 『스캔들 세계사』 1권에 등장했던 정복왕 윌리엄입니다. 간단히 요약하자면 노르망디 공작이 영국을 정복하여 영국 왕이 되었는데 영국 왕이 되었다 하여 프랑스의 공작 작위를 포기하지는 않으면서 문제가 시작됩니다. 섬에서는 왕인데 대륙에서는 공작이다 보니 프랑스의 공작으로서 프랑스 왕에게 예를 갖춰야 했습니다.

　하지만 당연히 같은 왕이니 자존심이 상하는 일이었고 결국 영국 왕 에드워드 3세는 '너나 나나 같은 왕인데 내가 왜?!'라며 프랑스 왕 필립 6세에게 존경심을 표하는 것을 거부합니다. 그러자 필립 6세는 플랜태저넷 왕가의 시조인 헨리 3세와 결혼했던 아키텐의 엘레오노르가 가져간 땅인 가스코뉴를 몰수해버립니다. 가스코뉴는 프랑스 아키텐에 속한 지방이었는데 아주 풍요롭고 돈을 잘 벌어오는 땅이었기에 '감히 내 땅을 뺏어가?' 싶었던 에드워드 3세는 깨알같이 족보를 따지고 들어가 사실 필립 6세가 아닌 자신이 진정한 프랑스 왕이라고 주장하기에 이릅니다. 에드워드 3세는 자신은 프랑스의 선왕이었던 샤를 4세의 외조카이자 집안의 남자 중 샤를 4세와 가장 가까운 친족이니 비록 살리카법에 의해 여자가 왕위를 물려받을 수는 없지만 유산이 거쳐 내려오는 것

영국의 왕이자 프랑스 아키텐의 공작이었던 에드워드 1세가 프랑스의 필립 4세에게 공작으로서 존경을 표하는 모습. 영국 왕 입장에서는 자존심이 상할 만도 하다.

은 가능하므로 프랑스의 왕위는 자신에게 와야 한다는 것이었죠. 그에 비해 샤를 4세와 좀 멀긴 하지만 그래도 남자들의 혈통을 따라 내려온 친족인 필립 6세는 여자는 왕위를 받을 수 없으니 말도 안 되는 소리라고 응수했고요.

조금 유치해보이기도 하지만 그렇게 프랑스와 영국 사이에 벌어진 전쟁은 워낙 오래 지속되다보니 여러 면에서 역사를 뒤흔들게 됩니다. 상비군이 생겨났고 전쟁 무기들이 발달하였으며 두 국가의 민족주의가 발달하면서 정복왕 윌리엄 시절부터 귀족들이 사용하던 프랑스어가 영국에서 사라지게 되었습니다.

그럼 다시 이야기로 돌아가서 아직 프랑스와 영국이 이 계승 다툼에 끼어들지 않은 상태였던 1341년, 존 3세가 죽고 나자 잽싸게 브르타뉴 대부분을 손아귀에 쥔 몽포르의 존이었지만 대부분의 프랑스 귀족들은 팡티에브르의 잔 편을 들었습니다. 그런 와중에 몽포르의 존이 영국한테서 도움을 받고 있다는 루머가 생겨났고 그 말을 들은 필립 6세의 기분은 과히 좋지 않았겠죠.

얼떨결에 에드워드 3세 편이 되어버린 몽포르의 존은 왕에게 공작 작위에 대해 이야기를 좀 하려 했지만 그 왕은 바로 샤를의 외삼촌인 필립 6세죠. 필립 6세는 지금 영국 왕가의 일원한테 공작 작위를 줄 기분이 아닙니다. 그래서 안전을 약속하고 몽포르의 존을 파리로 불러놓고 다짜고짜 감옥에 가둬버리죠. 그 후 프랑스 왕실에서는 필립 6세의 조카인 발루아의 샤를이야말로 진정한 브르타뉴의 공작 후계자라고 선언합니다. 그렇게 팡티에브르의 잔과 남편 샤를은 무려 23년 동안이나 브르타뉴 공작 부부가 되지요. 브르타뉴 계승 전쟁은 어떻게 되었냐고요?

플랑드르의 요하나를 묘사한 그림들.

1341년부터 1364년까지 23년간 이 전쟁은 계속됩니다. 몽포르의 존과 부인 요하나도 포기를 모르는 부부였거든요.

남편은 파리에 갇혀 있는 상태이니 부인이 울고만 있을 수는 없었습니다. 아직 포대기에 쌓여 빽빽 울고 있는 어린 아들을 몽포르 집안의 지도자 자리에 올린 후 군대를 이끌고 르동과 헤네본 지방을 점령해버립니다. 말이 점령이지, 사실 이 지방들은 원래 몽포르 집안의 영향 아래 있었기 때문에 요하나에게 매우 호의적이었죠. 브르타뉴 공작인 샤를은 이를 저지하기 위해 군대를 이끌고 와서 마을을 포위해 버립니다. 그러자 요하나는 이렇게 당할 수는 없다며 영국에 도움을 청합니다. 프랑스 왕위는 내 것이라고 펄펄 뛰고 있던 영국 왕 에드워드 3세는 브르타뉴 지방이 영국에게 호의적이 되는 것만큼 도움이 되는 것도 없을 것이기에 신이 나서 군사를 보내옵니다.

영국의 군사가 배를 타고 건너오고 있으니 요하나는 드레스는 벗어버리고 갑옷을 걸치고는 자신이 모든 것을 지휘하였습니다. 마을 사람들에게는 함께 싸우자 청하고 마을의 여자들에게는 '치마를 찢고 스스로를 보호하자'고 선동했죠. 헤네본에 있는 성에서 샤를의 군대를 내려다보던 요하나는 적군의 경계가 매우 허술하다는 것을 알아차리고 300명의 군사를 이끌고 기습 공격을 감행합니다. 샤를의 모든 물자를 불태워 버렸는데 어찌나 제대로 태웠는지 무려 1주일 동안이나 타오르는 불 때문에 근처에 갈 수도 없었다고 합니다. 그리고 그 덕분에 요하나는 '불의 요하나'라는 별명을 얻게 되지요.

무슨 일이 벌어진 것인지 깨달은 샤를이 그녀를 잡으려고 했지만 요하나는 군사들과 함께 잽싸게 다른 마을로 도망쳤고 샤를의 군대가 마을을 포위하는 동안 슬그머니 헤네본으로 돌아옵니다. 약이 오를 대로 오른 샤를은 헤네본 사람들을 아예 굶겨 죽여버리려 들었고 레옹의 주교는 요하나를 찾아와 항복하라고 설득합니다. '내가 도대체 왜 항복을 하지?'라고 생각했을 요하나의 눈이 창 밖을 향하자 그곳에는 영국에서 보낸 지원군을 가득 실은 배가 항구에 도착하고 있었습니다.

결국 샤를은 견디지 못하고 물러났고 요하나는 에드워드 3세로부터 더 큰 도움을 받으며 전쟁을 지속해 나갔습니다. 한편 스페인도 샤를 편에 서면서 요하나가 타고 있던 배를 공격했는데 요하나는 다시 한 번 갑옷을 입고 전장에 나가 용맹하게 싸웠습니다. 승리한 요하나는 헤네본의 포위를 풀라며 다른 지역들을 포위하고 위협하기도 하였으며 1345년에 남편이 사망하자 어린 아들이 아버지의 정당한(?) 자리인 공작의 작위를 물려받을 수 있도록 싸움을 멈추지 않았습니다.

다만 안타깝게도 이때부터 요하나의 정신 상태가 아주 불안정해져서

영국군을 발견한 위풍당당한 요하나.

영국이 도시들의 관리와 전쟁 지휘를 도맡아 하기 시작했고 요하나와 어린 아들은 영국에서 살기 시작했습니다. 그래도 전쟁은 승승장구하여 1347년에는 영국이 샤를을 포로로 붙잡아 가기까지 했지요. 샤를은 그 후 9년 동안이나 영국의 포로로 살았으며 어마어마한 몸값을 영국에 지불한 뒤에야 풀려날 수 있었습니다.

물론 9년 동안 이를 바득바득 갈았을 샤를은 풀려나자마자 몽포르 가

포로로 잡힌 샤를. 엄청난 보석금을 지불하고 풀려날 때까지 독 안에 든 쥐가 되어 이만 바득바득 갈았을 것이다.

문과의 전쟁에 다시 뛰어들었죠. 그러다 결국 1364년에 브르타뉴에 있는 도시인 오레에서 일어난 전투 중에 사망했고 이 전투에서 몽포르 가문은 승리를 확실하게 굳혔습니다. 그리고 1365년에 마침내 몽포르 가문과 팡티에브르의 잔은 제1차 게랑드 평화 조약을 맺습니다. 몽포르의 존의 아들이 브르타뉴 공작임을 확인하는 것이 핵심이었지만 팡티에브르의 잔이 가진 권리도 아예 무시하지는 않아 존의 어린 아들이 아들을 낳지 못하고 죽으면 팡티에브르 가문의 남자에게 브르타뉴 공작 자리가 넘어가도록 하였습니다. 다만 이 모든 것이 여자도 공작 작위를 받을 수 있었기 때문에 벌어졌다고 생각하였는지 여성은 후계자가 될 수 없다고 못 박아 버리기도 하였죠.

모두가 행복하게 마무리된 이 평화조약은 그로부터 약 55년 뒤인 1420년에 팡티에브르 가문에서 요하나의 손자인 존 6세를 납치하는 사건이 일어나면서 산산조각이 났고, 조약에서 서명한 그 무엇도 지킬 필요가 없어졌습니다. 덕분에 1488년 몽포르 집안에 아들이 단 1명도 태어나지 않았음에도 불구하고 작위가 팡티에브르 가문으로 넘어가지 않았고 몽포르 가문의 딸인 앤이 브르타뉴 공작부인이 되었답니다.

'치마를 찢고 스스로를 보호하라'고 외치며 갑옷을 입고 전선에서 싸운 요하나.

여자라는 존재는 그저 남자의 재산에 불과했던 시절에 감옥에 갇힌 남편을 대신하여 가문과 자식과 지위를 지키기 위해 전장으로 달려나간 요하나는 당대 보기 힘든 여장부였습니다. 때문에 18세기의 역사가이자 영국의 가장 위대한 철학자라고 불리는 데이비드 흄은 요하나를 "이 시대 가장 비범한 여인"이라 칭송하기도 했죠.

인류 역사상 연약한 여인의 몸으로 전장에 뛰어들어 군대를 이끈 여성은 그리 흔치 않았으므로 요하나는 많은 설화와 민요에 등장하고 있으며, 그 때문에 훗날 잔 다르크에게 영향을 미치지 않았겠는가 짐작됩니다. 남성들의 보호 속에서 덜덜 떨고 있던 당시 여성들에게 '치마를 찢고 스스로를 보호하라'고 외쳤던 요하나의 모습은 빅토리아 시대 페미니즘 운동가들에게 깊은 감명을 주었고 지금까지도 독립적이고 강인한 여성의 표상으로 기억되고 있답니다.

4. 부디 나를 죽여다오!
– '친애왕'에서 '광인왕'이 된 샤를 6세의 비극적인 삶

　　샤를 6세(1368~1422, 재위 1380~1422)는 12살의 어린 나이에 프랑스 왕위에 올랐습니다. 샤를 6세는 친절하고 활달하며 사교적인 성격으로 '친애왕'이라 불렸지만 안타깝게도 30년 동안이나 자신을 괴롭힌 정신병에 시달려 '미치광이 왕(광인왕)'이라는 별명 역시 얻게 됩니다.
　　프랑스의 귀염둥이, 어린 '친애왕' 샤를 6세는 17살에 결혼을 합니다. 신부는 바이에른의 이자보로 결혼 당시 14살이었습니다. 바이에른 하면 떠오르는 것이 있나요? 일단 바이에른이니까 동화를 좋아한 왕 루트비히 2세가 떠오르고, 정말 아름다웠지만 시집살이 한번 지독하게 했던 씨씨 황후가 떠오르지요. 바이에른을 통치한 비텔스바흐 가문은 먼 훗날 루트비히 2세와 오토 1세 등 여러 정신 질환자를 배출하는 가문입니다. 이렇듯 광기의 피가 흐르고 있는 샤를 6세와 비텔스바흐 가문의 이자보가 만나 낳은 자손들은 이후 정신병에 시달리게 되었습니다. 세

왕위를 받을 때만 해도 성군이라며 '사랑하는 샤를', '친애왕'이라 불렸던 샤를 6세.

상 일은 참 알다가도 모를 일입니다. 자신들이 하찮은 평민보다 뛰어나다며 거듭했던 근친혼이 결국 이들에게 정신병과 유전병을 안겨주었으니까요. 샤를 6세가 겪게 되는 끔찍한 정신병은 샤를 6세의 외가 쪽에서 전해내려온 것으로 알려져 있습니다.

 샤를 6세의 첫 번째 정신 이상 증세는 1392년 여름에 나타납니다. 지금도 알 수 없는, 이상한 병에 걸렸던 샤를 6세는 병 때문에 고열에 시달리고 머리카락과 손톱, 발톱이 빠지기까지 했습니다. 죽을 위기에서 정말 가까스로 회복한 샤를 6세는 곧 자신이 무척 아꼈던 조언자 올리비에 드 클리송이 적에게 살해당할 뻔했다가 간신히 탈출했다는 소식을 듣습니다. 감히 자신의 친구이자 충신을 적들이 건드려 죽을 뻔했다는 소식을 들은 샤를 6세는 극도로 분노하는데요, 물론 친구이자 충신이 죽을 뻔했으니 화가 나겠지만 샤를 6세는 너무 심하게, 지나칠 정도로 펄펄 뛰며 군대를 이끌고 복수를 하겠다고 나섭니다.

하지만 무더운 한여름에 행군하는 군대는 너무나 느렸고 갑옷을 걸치고 심지어 안에는 벨벳 재질의 옷을 입은 샤를 6세의 몸에서는 열이 펄펄 나고 있었습니다. 왕의 인내심이 한계에 다다랐을 때 왕의 정신병을 일깨우듯 한 걸인이 나타납니다. 지저분한 누더기를 걸친 남자는 숲에서 달려나와 샤를 6세의 말고삐를 움켜쥐고 소리칩니다.

"더 나아가시면 안 됩니다! 귀하신 왕이시여! 돌아가세요! 전하께선 배신당하셨습니다!"

그저 미치광이일 뿐이라고 생각한 샤를 6세의 신하들은 남자를 왕에게서 떼어놓았을 뿐, 체포하지는 않았습니다. 그러자 걸인은 한참동안 샤를 6세를 따라오며 계속 "전하께서는 배신당하셨습니다!"라고 외쳤습니다. 한 번 들을 때야 웃어넘기겠지만 듣고 또 들으니 샤를 6세의 마음에도 불안이 요동치기 시작했습니다.

그렇게 뜨거운 한여름 햇살 아래 일사병이라도 걸릴 듯한 지독한 열기에 허덕이며 불안한 마음에 안절부절 못하고 있는 샤를 6세의 귓가에 '와장창!' 하는 어마어마한 굉음이 들립니다. 왕의 수행원 중 하나가 실수로 떨어뜨린 왕의 창이 다른 수행원의 투구 위로 떨어진 것이었죠. 별 것도 아닌 일이었지만 애초에 정신이 그리 온건치 않은 조짐을 보이고 있었고 더워 죽겠어서 정신이 혼미할 지경에 들려온 커다란 소리에 깜짝 놀란 샤를 6세는 칼을 뽑아들더니 "배신자를 공격하라! 나를 적에게 넘기려고 한다!"라고 소리치며 자신을 호위하고 있던 기사들을 향해 마구 칼을 휘둘렀습니다. 그 결과 여러 명의 기사가 자신이 모시는 주군의 칼에 맞아 사망하는 어처구니없는 사건이 일어납니다. 깜짝 놀란

한여름 땡볕 아래 정신이 혼미해질 무렵 누군가 자신을 배신했다는 소리를 들은 샤를 6세의 마음엔 불안이 요동치기 시작했다.

신하들은 허겁지겁 샤를 6세의 칼을 빼앗고 왕의 몸을 꽁꽁 묶어서 궁으로 되돌아갔습니다.

이때부터 샤를 6세는 정상인 상태와 정신분열증 상태를 넘나들며 30년을 살았습니다. 그리고 이때부터 더 이상 '친애왕'이 아닌 '광인왕'으로 불리기 시작하지요. 숲속에서의 사건이 있은 지 얼마 후 샤를 6세는 자신의 이름은 샤를이 아니며 왕도 아니라고 주장하는가 하면 부인인 이자보를 보고 신하들에게 '저 여자는 누구냐'고 물으면서 '해달라는 건 다 해줘서 자신을 방해하지 않게 해달라'고 부탁하기도 했습니다. 샤를 6세가 정상일 때는 이자보를 무척 사랑하여 아이들도 열둘이나 낳았으니 정신병에 시달리는 남편을 보고 이자보가 무척 충격을 받았을 것이라 짐작됩니다.

이렇게 정신병이 시작되고 있던 1393년, 샤를 6세에게 결코 잊을 수 없는 끔찍한 사건이 일어납니다. 왕비의 궁중 말동무였던 어느 귀족 부인의 결혼식에서 귀족 남성들이 재미삼아 야만인으로 분장하고 춤을 추게 되었는데 그중에는 샤를 6세도 끼어 있었습니다.

정신이 불안한 사람에게 야만인 분장이라니 여기서부터 벌써 불안하지요. 요즘처럼 옷을 만드는 기술이 발전하지 않았던 시기이기에 야만인의 옷은 일반 옷에 송진과 밀랍을 바르고 털을 붙여서 만든 것이었습니다. 너무나 쉽게 타버릴 수 있

샤를 6세의 부인이자 프랑스 왕비였던 이자보. 아이를 열둘이나 낳았지만 대부분 너무나 일찍 죽었다.

는 옷이기에 연회장 안에 횃불을 들고 들어오는 것이 금지되었으나 왕의 동생이 늦게 도착하여 횃불을 들고 다가옵니다. 다들 별 생각 없이 바라보고 있던 와중에 불똥이 옷으로 튀었고, 밀랍과 송진이 듬뿍 발라져 있던 야만인 옷은 순식간에 불길에 휩싸였습니다. 동시에 춤을 추고 놀고 있던 '야만인'들 모두가 불에 타오르기 시작합니다.

그 순간 샤를 6세와 대화중이던 베리 공작 부인의 기지로 샤를 6세는 공작 부인의 치맛자락 안으로 숨어 불길을 피할 수 있었습니다. 하지만 이 사건으로 4명이 사망하고 불을 끄려고 달려들었던 기사들이 심한 화상을 입습니다. 방금 전까지 함께 웃고 떠들던 친구들이 눈앞에서 불에 타 죽는 것을 목격한 샤를 6세는 공포에 떨게 되었죠. 그렇잖아도 쇠약했던 샤를 6세는 안정된 정신 상태를 유지하는 것을 무척 힘들어했고 해가 거듭될수록 샤를 6세의 정신병은 날로 심각해졌습니다. 옷에다 실

무시무시하게 타오르는 불길에 휩싸인 사람들. 하지만 아직 상황을 모르는 주변 사람들은 태연한 얼굴이다.

례를 하는가 하면 자신의 이름은 조르주라고 우기기도 하고 자신에게는 부인도, 자식도 없다고 주장했습니다. 지쳐 쓰러질 때까지 이 방 저 방 뛰어다니기도 하고 적들이 공격한다며 소리를 지르고 물건을 집어던지거나 불태우기도 하고 말이죠.

  게다가 말기에는 샤를 6세에게 유리망상증이 찾아옵니다. 자신이 유리로 만들어졌다고 믿었던 샤를 6세는 산산이 부서지지 않기 위해 안간힘을 썼습니다. 의복에 철심을 대고 넘어지지 않기 위해 온 정신을 집중하려고 애를 썼으며 사람들이 다가오면 자신의 몸이 부서질까 두려워했습니다. 의자에 힘을 다해 쿵 앉지도 못했겠죠. 당시 치료법은 신체 여기저기를 퍽퍽 때리며 '봐라, 네가 유리로 만들어졌으면 왜 안 부서지겠니?'라며 논리적인(?) 접근을 시도하는 것이었는데, 환자가 왕이니 감히 치료해줄 용기를 내지 못했겠지요. 안쓰러운 점은 계속 정신을 못 차리고 살았다면 차라리 나았을 텐데, 샤를 6세는 정상과 정신 질환 상태를 계속 오갔다는 것입니다. 자신이 하는 행동들이 얼마나 괴상한 지 잘 알고 있었던 샤를 6세는 수치심에 소리치곤 했습니다.

"이 중에 내가 겪는 지독한 병에 연루된 공범자가 있다면 부디 나를 더 이상 괴롭히지 말고 죽여다오!"

미치광이 왕이 정치에 전혀 관여하지 못하자 사자 없는 곳엔 여우가 왕이라고 귀족들은 치열한 파벌 싸움을 벌입니다. 그리고 이때 시작된 파벌 싸움은 샤를 6세 사망 이후에도 지속되어 프랑스 역사 속에서 수많은 싸움과 혼란을 일으키는 계기가 되지요. 이 시기에 영국과 프랑스는 백년전쟁을 치르고 있었는데요, 재미있는 사실은 양국 다 1명씩은 정신 나간 왕이 있었다는 점입니다. 영국 쪽의 정신병 걸린 왕은 헨리 6세랍니다. 헨리 6세를 폐위시키고 에드워드 4세가 영국 왕위에 올랐죠. 이때 두 가문이 열심히 싸웠는데 그것이 바로 『스캔들 세계사』 1권에 등장했던 장미전쟁이고 이로 인해 런던탑에서 어린 왕과 그 동생이 실종되는 사건이 일어납니다.

샤를 6세의 삶을 보면 왕이 정신적으로 불안정한 것이 국가와 역사에 얼마나 큰 영향을 미치는지 알 수 있습니다. 정신적으로 불안한 사람이 지도자의 자리에 앉으니 다스리는 사람도 힘들고 다스림을 받는 사람들은 더더욱 더 힘들고, 운 없으면 너도나도 모두 힘든 군주제는 참 허점이 많은 제도지요. 어릴 적엔 그저 왕과 왕비님에 대한 화려한 상상에 가슴이 설레곤 했었는데 왕 노릇하는 것도 보통 어려운 일이 아닌 걸 보니 역시나 현실은 슬프게도 매우 현실적이네요.

5. 합스부르크 가문, 악마를 낳다
– 약자를 학대하고 고문을 즐긴 스페인의 '사이코패스' 왕자 돈 카를로스

"(돈 카를로스)가 왕위를 이었다면 그는 처음이자 마지막으로 유럽 왕좌에 앉은 사이코패스가 되었을 것이다." 주5

'일곱 바다의 지배자'라 불리던, '해가 지지 않는 나라'의 절대군주. 유럽 최고의 가문인 합스부르크 가문 출신에 당시 최강이던 바다의 적 오스만 제국의 해군을 격파하고 끝이 보이지 않는 식민지를 거느리던 한 남자가 있었습니다. 세상에 태어났으면 이 정도 타이틀은 달아줘야지 싶을 정도로 대단했던 그의 이름은 펠리페 2세(1527~1598, 재위 1556~1598). 스페인의 왕이었죠. 이처럼 못 가진 것이라고는 하나도 없어 보이는 이 대단한 스페인의 왕에게도 부족한 것이 딱 하나 있었으니 그 것은 다름 아닌 결혼복이었습니다. 자신이 원해서가 아니라 어떤 일인 지 자꾸 부인들이 죽어나가는 바람에 결혼을 무려 4번이나 했는데요.

하나하나 살펴보겠습니다.

먼저 첫 번째 부인은 외사촌이자 포르투갈 공주인 마리아 마누엘라(1527~1545)로 동갑내기였죠. 두 사람이 잘 지내볼 시간도 없이 마리아 마누엘라는 아들인 돈 카를로스, 이번 이야기의 주인공을 낳고 며칠 만에 심한 출혈로 죽고 말았습니다. 슬픈 일이었지만 요즘도 전 세계적으로 아이 낳다 죽는 일이 전혀 드물지 않게 일어나는 만큼 옛날에는 출산은 글자 그대로 죽음이 코앞에서 왔다 갔다 하는 일이었죠.

그렇게 꼬물거리는 갓난아기를 안고 홀아비 신세가 된 펠리페 2세는 10년이나 혼자 살다가 두 번째 장가를 들었습니다. 우리가 『스캔들 세계사』 2권에서 만나본 영국의 노처녀 여왕 메리 1세와의 결혼이었죠. 2권에서 보았듯이 두 사람의 결혼 생활은 별로 행복하지 않았습니다. 메리 1세와의 결혼은 4년 동안 지속됐지만 결국 자식 하나 없이 메리 1세가 죽고 맙니다. 2명이나 부인이 죽어버린 펠리페 2세는 이제는 자식을 몇 명 더 낳아 후계를 확실히 해야겠단 생각이 들었는지 메리 1세가 죽은 다음 해에 발루아의 이사벨과 결혼합니다. 오늘날에는 딸을 선호하는 집이 많지만, 당시에 딸만 다섯을 낳으면……. 불쌍한 이사벨은 다섯째 딸을 낳다가 난산 끝에 결국 사망하였습니다.

부인을 셋씩이나 잃은 펠리페 2세는 서둘러 새 장가를 들었고 이번 부인은 여동생의 딸, 즉 펠리페 2세의 조카인 오스트리아의 안나였습니다. 외사촌이었던 첫 번째 부인부터 계속 근친혼이 아무렇지 않게 자행되는 것을 확인할 수 있지요. 합스부르크 가문에서 계속된 이런 근친혼 때문에 후손들이 많은 고통을 받았죠. 제발 후계자 좀 많이 낳아서 걱정 좀 덜게 해달라는 펠리페 2세의 기도가 드디어 하늘에 닿았는지 네

'일곱 바다의 지배자' 라 불린 펠리페 2세. 꽤나 위풍당당한 모습이다.

번째 부인인 안나는 아들 넷, 딸 하나를 낳으며 스페인을 후계자 걱정에서 벗어나게 해주었습니다.

이렇게 순풍순풍 아들들이 태어나고 첫째 아들인 돈 카를로스도 장성하였는데 정작 펠리페 2세가 사망하자 왕좌는 첫 번째 왕비가 낳은 첫 아들, 말하자면 정통 왕위 계승 영순위인 돈 카를로스(1545~1568)가 아닌 네 번째 왕비인 오스트리아의 안나 공주에게서 태어난 다섯째 아들 펠리페(펠리페 3세)에게 돌아갑니다. 장자를 제치고 다섯째 아들이 왕위를 이은 것은 어찌된 연유였을까요? 일단 안나에게서 태어난 3명의 아들들은 모두 10살도 채 넘기지 못하고 죽어버렸기에 남은 것은 첫째인 돈 카를로스와 다섯째 펠리페뿐이었습니다. 그런데 돈 카를로스가 왕위를 잇지 못하고 펠리페에게 넘어간 것은 다음과 같은 이유 때문이었습니다.

잠시 시간을 거슬러 올라가봅시다. 돈 카를로스는 1545년 7월 8일에 펠리페 2세와 포르투갈의 공주 마누엘라 사이에 장자로 태어났습니다. 모두들 건강한 왕자가 태어나길 기대했지만 카를로스는 모두의 기대를 철저히 배반하는 모습을 하고 있었습니다. 태어난 아이는 새가슴의 상체에 어깨는 비뚤어졌으며 오른쪽 다리가 왼쪽 다리보다 훨씬 짧은 절름발이였습니다. 꼽추에다 몸집도 왜소하고 여자 같은 목소리에 말도 더듬었고 지능도 떨어지는 아이였지요.

물론 외모가 멋지지 않더라도 얼마든지 훌륭한 왕이 될 수 있었겠으나 그런 기대조차도 버리라는 듯, 돈 카를로스는 천성이 매우 포악하고 잔인했습니다. 자신을 낳다가 죽은 엄마가 살아 있었더라면 조금이라도 달랐을까요? 아니면 수도 없이 반복된 근친혼의 숙명적인 결과였을

펠리페 2세의 첫 번째 부인 마리아 마누엘라. 희대의 사이코패스 왕자 돈 카를로스를 낳고 며칠 만에 죽었다. 자신을 낳은 어머니가 살아 있었다면 돈 카를로스의 성격이 조금은 좋아졌을까?

카를로스의 약혼녀 후보로 거론되었던 오스트리아의 안나. 시아버지가 될 뻔했던 펠리페 2세와 결혼한 네 번째 부인이 되었다.

까요? 보통 우리에게는 친가 외가를 합쳐 4대, 즉 고조부모대를 올라가면 직계 조상이 모두 16명이 있지만 카를로스에겐 6명뿐이었습니다. 마찬가지로 우리는 3대를 올라간 증조부모대의 직계 조상도 8명이지만 카를로스에겐 4명뿐이었죠. 심지어 증조할머니 둘은 자매였는데 이들 중 하나는 『스캔들 세계사』 1권에 등장한 미치광이 후아나였습니다. 후아나 역시 그 유명한 정신병이 근친혼에 의한 유전병으로 의심된다고 하니 어느 정도의 근친혼을 행했는지 알 만하지요.

어린 시절부터 돈 카를로스는 이상한 행동으로 소문이 나 있었습니다. 젖유모를 친엄마보다 더 따르는 보통 아이들과 달리 젖유모의 유두를 물어뜯고 상처를 입혀 3명이나 감염으로 죽었다는 소문이 돌기까지 했죠. 9살 난 꼬마 왕자가 가장 즐겨 했던 놀이는 자기보다 어린 여자아이들 괴롭히기, 하인들 때리기, 동물 학대하기, 그리고 폭식이었습니다. 우리라면 이제 겨우 구구단을 외울 나이에 돈 카를로스는 개를 잡아와 생식기를 잘라내기도 하고 동물을 산 채로 불에 굽기까지 했습니다. 그런 왕자의 행동을 제지할 수 있는 사람은 세상에 단 한 명, 아버지인 펠리페 2세뿐이었지만 당시 펠리페 2세는 정치적인 이유로 영국 여왕인 메리 1세와 결혼하여 영국에서 살고 있었기에 돈 카를로스는 세상에 무서울 것이 없었습니다.

남을 괴롭히는 일에서 희열을 느낀 돈 카를로스는 자신이 쉽게 괴롭힐 수 있는 약한 동물들을 학대하다 못해 뱀의 머리를 물어뜯기도 했습니다. 작은 동물을 괴롭히는 것이 싫증나자 돈 카를로스는 왕의 마구간에 있는 말들을 자기 멋대로 잔인하게 괴롭혀 무려 20마리의 말이 죽기도 했지요. 유럽에서 최고로 손꼽히는 학자들이 '일곱 바다의 지배자'

의 하나뿐인 후계자를 가르치기 위해 스페인으로 왔지만 5살에야 말을 하기 시작했다는 카를로스는 겨우 자기 이름이나 읽을 정도밖에 배우지 못했고 낙서만 끄적거릴 뿐이었습니다. 물론 스페인의 귀족들은 합스부르크 가문의 아이들은 원래 늦게 배운다며 변명을 해주느라 정신이 없었죠.

그러던 와중에 아들과 아버지 사이에 무려 여자(!)가 끼는 사건이 일어납니다. 때는 1559년, 프랑스 왕 앙리 2세는 자신의 딸과 스페인의 후계자인 돈 카를로스를 약혼시킵니다. 프랑스 공주의 이름은 발루아의 이사벨. 어디서 많이 들어본 이름이지요? 돈 카를로스가 아니라 아버지인 펠리페 2세의 세 번째 부인의 이름이죠. 동일인물이랍니다. 당시 외교가 그런 것이라, 나이대가 맞는 또래끼리 결혼을 시키지 않고 결국 아버지가 아들의 약혼녀와 결혼하게 된 것입니다.

전하는 말로는 당시 유럽 최고의 미녀라는 칭송을 받았던 이사벨이 얼굴뿐만 아니라 성격도 정말로 참해서 잔인하고 고약한 성격의 아들에게 보내기 아까웠던 펠리페 2세가 일부러 자신이 결혼한 것이라고도 합니다. 어찌되었건 펠리페 2세와 발루아의 이사벨은 결혼했고 18살의 나이 차에도 불구하고 펠리페 2세는 14살짜리 어린 신부가 예뻐서 어쩔 줄 몰라 했다고 합니다. 이사벨 역시 펠리페 2세를 마음에 들어 했다고 하는데 딸만 줄줄이 낳던 이사벨이 불과 23살의 나이로 아이를 낳다 죽어버리면서 두 사람의 그나마 평온하고 행복한 결혼 생활은 끝이 납니다. 이사벨과 카를로스가 연인 관계였다는 설도 있지만 가능성 있는 이야기는 아닙니다.

나이가 들어도 카를로스의 잔인한 성품은 나아질 줄 몰랐고 이런 경

카를로스 왕자. 멋을 잔뜩 부린 모습이지만 굳어 있는 표정이 눈에 띈다.

향은 계단에서 굴러 떨어져 머리를 다친 뒤로 더욱 심해졌습니다. 머리가 무척 부어올라 보통의 2배가 되었고 그 탓에 시력을 완전히 잃었습니다. 하지만 당시 의사들이 툭하면 시행하던 피를 뽑는 치료법(사혈법)이 실제로 효과가 있었는지 머리의 부기가 가라앉고 시력도 회복되자 겉으로는 평소와 똑같아 보였습니다.

하지만 곧 카를로스가 전보다 더 심하게 화를 내고 폭언을 퍼부으며 남을 괴롭힌다는 것이 분명해졌죠. 마음에 안 드는 신발을 만들어온 구두장이에게 '이딴 걸 만들어오다니!' 하고 화를 내며 만들어온 신발을 그 자리에서 억지로 먹이는가 하면 시종을 폭행하고 추기경의 목에 칼을 들이밀어 그가 무릎 꿇고 살려 달라 빌게 만들기도 했습니다. 『스캔들 세계사』 1권에 등장했던 이사벨라 여왕과 페르디난도가 '가톨릭의 왕들'이라 불릴 정도로 신실한 가톨릭 국가였던 스페인에서 왕자가 추기경의 목에 칼을 들이대다니 천지가 뒤집힐 노릇이었죠.

혹시 사랑에 빠지면 달라지지 않을까 싶었지만 카를로스에게 여자란 괴롭히면 다양한 반응을 보이는 장난감일 뿐인지라 그저 여자애들만 보면 잡아다가 살려달라 빌어도 눈 하나 깜짝하지 않고 채찍을 휘둘러댔습니다. 그러다보니 궁에서는 카를로스가 폭행한 여자들의 아버지들에게 손해배상금을 지불하느라 정신이 없을 지경이었습니다. 카를로스를 지켜본 베네치아의 한 대사는 "돈 카를로스는 남을 괴롭히기 위한 것이 아니라면 공부나 운동에는 전혀 관심이 없습니다."라고 보고서에 썼습니다.

아버지에게 여자를 뺏겼다고 생각한 돈 카를로스가 점점 더 아버지를 향한 증오에 차올랐다고 하기도 하고 그저 정신병이 점차 심해진 것

결혼하기 위해 스페인으로 떠나는 발루아의 이사벨. 축복받아야 할 신부의 모습인데 젊은 나이에 죽을 것을 예견이라도 하는 듯, 그림의 전체적 분위기가 음울하다.

얼굴도 예쁘고 성격도 착하고 발랄하여 인기도 많고 전 유럽을 통틀어 최고의 미녀라 불렸다던 발루아의 이사벨. 펠리페 2세의 세 번째 부인으로, 나이 차이가 많이 났음에도 이사벨은 '펠리페 2세가 정말 좋은 남편이라고 생각한다'고 어머니에게 편지를 보내기도 했다.

이라 하기도 하지만 아들의 이런 기괴한 행동을 보면서도 언젠가는 나아지겠지 생각하며 카를로스를 혼내기만 했던 펠리페 2세도 도저히 참을 수 없게 되는 사건이 일어납니다.

카를로스가 고해성사를 통해 아버지인 펠리페 2세를 죽여 버리고 싶다며 심지어 암살 계획까지 구체적으로 생각해본 적이 있다고 털어놓지를 않나, 스페인 반란군들과 접촉하여 그들을 지원하려 했다는 것까지 알게 되자 펠리페 2세는 카를로스를 체포하여 아레발로 성탑에 감금시킵니다. 그리고는 창문을 전부 판자로 막아버리고 아예 외부와 소통을 금지시켜버리죠.

만약 아버지한테 여자를 뺏겼다는 이유로 아버지를 죽이고 싶어 했던 것이라면 운명도 정말 얄궂은 것이, 발루아의 이사벨이 아버지 펠리페 2세와 결혼하고 나자 돈 카를로스에게 다른 여자와 약혼하는 것이 어떻겠냐며 여러 후보들이 거론되었는데 그중 한 명이 바로 오스트리아의 안나였습니다. 아버지 펠리페 2세의 네 번째 부인이죠. 아버지가 아들의 여자를 둘씩이나 빼앗은 것으로 비칠지도 모르지만, 여자들 입장에서는 툭하면 날아왔을 채찍질이나 주먹질 같은 폭력을 피한 것이니 오히려 구원받은 셈이 아닐까요.

감옥에서 굶어죽어버리겠다는 카를로스를 막기 위해 간수들은 카를로스의 입을 억지로 벌리고 수프를 들이부었습니다. 하지만 카를로스는 더욱 약해졌고 고열에 시달리기 시작했습니다. 끝없이 구토를 하던 카를로스는 몇 날 며칠 동안 과일만 먹기도 하고 향신료가 듬뿍 들어간 커다란 파이를 가져오라 하여 게걸스럽게 먹어치웠습니다. 물도 엄청나게 들이킨 후 카를로스는 또 다시 구토를 하며 바닥을 뒹굴다 23살의 나이로 사망했습니다. 당시에는 펠리페 2세에 의해 독살당한 것이라는 소문이 돌기도 했지만 오늘날에는 선천적으로 몸이 약했기 때문에 수감 생활을 견디지 못한 것으로 보고 있습니다. 하지만 아버지가 아들을 독살했다는 소문은 스페인 사람들이 불같은 성격을 가져 자기 자식도 죽이는 놈들이라고 음해하기 위해서라도 널리널리 퍼져나갔죠.

돈 카를로스는 베르디의 걸작 심리 오페라 「돈 카를로」에서 사랑을 잃고 분노하는 불쌍한 왕자로 그려지지만 사실 그는 사이코패스의 모든 전형적인 징후를 나

만인이 자신의 발밑에 있다고 생각했던 카를로스가 지나가면 다들 몸을 사렸다.

타냈던 인물로, 그를 알고 지냈던 궁정 사람들은 모두 카를로스와 결혼하는 여자는 아주 불행할 것이라며 우려를 표하곤 했습니다. 끝없는 근친혼으로 인해 정신병이 유전되어 내려온 합스부르크 왕가의 돈 카를로스! 그가 만약 살아남아 스페인의 군주가 되었다면 얼마나 끔찍한 짓을 저질렀을지 상상만 해도 소름이 끼치네요.

6. 여왕의 연인, 그리고 슬픈 부인
― 엘리자베스 1세의 연인으로 추정되는 로버트 더들리의 부인 에이미

남이 하면 불륜, 내가 하면 로맨스. 사람 마음이라는 게 참으로 이기적이라 자신이 원하는 일을 할 때 우리는 종종 그로 인해 상처받는 누군가는 쉽게 잊어버리곤 합니다. 자신이 나라 최고의 권력자이고 상처받는 이가 힘없는 젊은 부인이라면 더더욱 쉽사리 잊혀지겠죠. 영국을 손아귀에 쥐고 움직였던 두 남녀의 불장난으로 상처받고 괴로워했던 이 불쌍하고 안쓰러운 부인의 죽음은 당시에도 오늘날에도 영원한 논란거리인데요. 참 서글픈 인생을 살다간 더들리 부인의 이야기를 하기 위해 우리는 좀 더 뒤로, 이 여인이 행복했던 시절로 돌아가 볼 필요가 있겠습니다.

『스캔들 세계사』 1권을 잠시 복습하자면 헨리 8세가 아내를 6명이나 갈아치우면서 낳은 자식은 모두 셋이었습니다. 메리, 엘리자베스 그리고 '어화둥둥 내 새끼' 금은보화보다 귀한 아들 에드워드였죠. 하지만

헨리 8세의 기대와 달리 에드워드는 어린 나이에 세상을 떠나버렸고 헨리 8세가 앤 불린에게 홀라당 빠져 아주 냉정하게 내쳤던 큰딸 메리 공주가 왕위를 계승하기 위해 런던으로 오게 됩니다.

자, 그 와중에 무슨 일이 일어났나요?『스캔들 세계사』시리즈를 보셨다면 아시다시피 메리 공주가 아닌 제인 그레이를 왕위에 앉히기 위해 9일 동안의 반란이 일어났지요. 튜더 왕조를 만든 헨리 7세의 증손녀인 제인 그레이는 왕족의 피를 물려받았고 어찌어찌 명분은 세웠으나 핏줄은 있되 힘이 부족했던 그레이 가문은 딸을 당대 최고 가문 가운데 하나였던 노섬벌랜드 공작 가문의 막내아들 길드포드 더들리와 결혼시킵니다.

한때 영국은 내 것이라며 떵떵거렸던 존 더들리 공작. 48~49살쯤일 때 목이 달아남으로써 권력의 허망함을 온몸으로 증명했다.

당사자들의 기분 따위 아랑곳없이 이루어진 결혼에 반란은 과연 성공했을까요? 열심히 음모를 꾸민 이들에겐 안타깝게도 반란은 채 2주도 못 가고 끝나버렸고 제인 그레이는 차디찬 런던탑으로 끌려가고 메리 튜더는 위풍당당하게 왕좌에 올라 영국 최초의 여왕 메리 1세가 됩니다. 그 후 당연히 노섬벌랜드 공작은 물론이요 더들리 집안은 그야말로 '이보다 더 폭삭 망할 수는 없다' 싶을 정도로 완전히 망합니다. 한때는 헨리 8세의 막내둥이에 첫 아들이었던 에드워드 6세의 섭정으로 떵떵거리며 영국을 호령했던 노섬벌랜드 공작인 존 더들리는 참수형에

처해졌으며 제인 그레이와 길드
포드 더들리 역시 목이 잘려 나
갔지요. 그런 와중에 다행히 존
더들리의 아들인 로버트 더들리
는 비록 삶은 비참해졌지만 목
숨만은 부지할 수 있었습니다.

에이미 더들리의 초상으로 추정되는 그림이지만 엘리자베스 1세나 제인 그레이의 초상일 수도 있다는 의견도 있다.

그럼 다시 살짝 돌아가서, 존
더들리가 아직 잘 나가던 시절,
로버트 더들리가 아직 그 잘난
노섬벌랜드 공작의 아들이던 시
절, 로버트 더들리는 생각보다 낮은 계급의 여성과 결혼을 합니다. 그
녀의 이름은 에이미 롭사르트(1532~1560), 존 롭사르트 경의 외동딸이자
후계자였죠. 귀족은 귀족이되, 거의 왕처럼 영국을 호령하던 공작의 아
들이 선택한 배우자로는 조금 떨어지는 감이 있죠. 물론 존 롭사르트 경
은 노퍽 지방의 대지주로 돈이 꽤 많았습니다. 권력이 없었으니 돈도 없
었다면 콧대 높은 노섬벌랜드 공작이 애초에 결혼을 허락해주지도 않
았겠지요.

훗날 둘의 운명과는 전혀 어울리지 않게도 에이미와 로버트는 사랑
에 빠져 결혼한 특이한 경우로 보입니다. 사랑에 빠진 이 연인들은 부
모님으로부터 결혼 허락을 받았고 에이미가 18살이 되기 사흘 전인
1550년 6월 4일에 많은 사람들의 축하 속에 결혼식을 올립니다. 당시 국
왕이었던 에드워드 6세와 엘리자베스 공주도 결혼식에 참석하였습니
다. 왕과 공주가 직접 참석해 축하해주는 정도였으니 더들리 가문이 당

시 어느 정도의 세도가였는지 짐작할 수 있습니다. 신혼부부는 별로 버는 돈도 없었기에 부모에게 거의 얹혀살면서 알콩달콩 지냈습니다. 하지만 1553년 7월에 제인 그레이 사건이 터지면서 로버트 더들리는 런던탑에 갇히는 신세가 됩니다.

다행히 약 1년 동안의 징역살이 후 로버트 더들리는 집으로 돌아옵니다. 사랑하는 남편이 돌아와 뛸 듯이 기뻤던 에이미 더들리에 비해 로버트 더들리는 텅 비어버린 사람처럼 우울해 했습니다. 사실 로버트의 마음이 이해가 안 되는 것은 아닙니다. 에드워드 6세의 궁중 말동무로 살았던 그는 일인지하 만인지상의 아버지를 두고 온갖 호화로운 생활을 누렸으며 말 한마디, 행동 하나에 온 백성의 삶이 달라질 수 있는 권력을 즐겨왔는데 순식간에 남의 집에 얹혀살며 돈 한 푼이 아쉽기 그지없고 처갓집 유산도 메리 1세의 허가 없이는 한 푼도 상속받을 수 없는 처지가 되었으니까요.

런던탑에서 풀려난 1554년 10월부터 1558년 11월까지 로버트는 정말 우울하게 살아갑니다. 메리 1세의 남편인 펠리페 2세의 전쟁에 참전하기도 하며 어떻게든 다시 권력의 사다리를 기어올라가 보려고 노력하지만 잘 되지 않았죠. '그대만 있다면 굶어 죽어도 좋아~' 싶게 로버트를 가슴 깊이 사랑했던 에이미는 그저 소박하게 아이도 낳고 농사라도 지으며 살고 싶어 했지만 아내의 소망과는 달리 로버트는 끓어오르는 권력욕을 참을 수가 없었습니다.

그러던 와중 1558년 11월, 로버트 더들리가 쾌재를 부를 사건이 일어납니다. 바로 어릴 때부터 어둠 속에 내팽개쳐져 불쌍하고 암울하게 자라왔던 메리 1세가 사망한 것이었죠. 헨리 8세의 자식 셋 가운데 메리 1

로버트 더들리를 '정치적 식물인간'으로 만들었던 메리 1세. 전체적으로 스페인 공주 출신의 어머니 캐서린을 닮은 것 같지만 감출 수 없는 튜더 가문 특유의 붉은 머리카락이 인상적이다.

세와 에드워드 6세가 사망했으니 이제 남은 것은 로버트 더들리의 소꿉친구인 엘리자베스 튜더 공주뿐이었습니다. 어릴 적부터 엘리자베스 1세와 친하게 지냈던 로버트 더들리는 당장 엘리자베스 곁으로 뛰어갔습니다. 적어도 자신을 상대로 반역을 저질렀던 로버트를 거들떠보지도 않았던 메리 1세보다야 나은 취급을 받겠지 싶었겠죠. 아니나 다를까! 로버트 더들리는 냉큼 마구간 관리인의 직위를 받았고 그 뒤 엘리자베스 1세 곁에 찰싹 붙어 하하호호 웃고 떠들며 그토록 바라던 권력의 사다리를 차근차근 밟아 올라가기 시작합니다.

엘리자베스 1세는 미혼 여성이 영국의 왕위에 오른 것이었기에 전 유럽에서 청혼이 그야말로 물밀듯이 쏟아져 들어왔습니다. 이복 언니인 메리 1세의 남편, 그러니까 법적으로는 형부였던, 그리고 바로 앞에 나온 돈 카를로스 왕자의 아버지인 펠리페 2세부터 엘리자베스 1세보다 22살이나 어린 앙주 공작에 이르기까지 동네방네 나 좀 잘났다 하는 남자라면 전부 엘리자베스 1세에게 들이댔지요. 하지만 엘리자베스 1세

아마도 엘리자베스 1세의 연인이었을 것이라 짐작되는 로버트 더들리 경은 여왕의 총애를 거름 삼아 다시 한번 열망하던 권력을 손에 쥐었다.

는 자신에게 청혼할 수 없는 유부남에게 관심이 쏠리고 있었습니다. 그 유부남인 로버트 더들리 역시 여왕의 관심을 거부할 이유가 없었죠.

엘리자베스 1세 여왕의 연애에 관해서는 수많은 소문이 있습니다. 엘리자베스 1세가 진실로 참으로 죽을 때까지 남자와 입맞춤 한 번 하지 않은 싱글녀였다는 말에서부터 사생아를 몇 낳기까지 했으나 휴양을 핑계삼아 다른 곳에 가서 애를 낳고는 쉬쉬했다는 소문까지 정말 다양하죠. 그러나 언제나 그 중심에는 로버트 더들리가 있습니다. 이들은 정말로 가까워서 거의 하루종일 같이 있었는데요. 아마 남녀 사이에 친구 관계가 불가능하다고 생각하는 사람들은 무조건 연인이었을 것이라 생각할 것이고 가능하다 생각한다면 그저 정말 친한 친구 사이였을 수도 있겠지요. 둘이 어찌나 찰싹 붙어다니며 속삭였는지 당시에는 에

남편의 초상화를 들여다보며 그리워하는 에이미 더들리의 상상화.

이미 더들리만 죽으면 엘리자베스 1세가 바로 로버트 더들리와 결혼할 것이라는 쑥덕거림이 아주 자연스럽게 떠돌았습니다. 부인이 오늘날에는 유방암의 징후였을 것이라 짐작될 만큼 자주 가슴 통증을 호소하며 아파하고 있음이 자명하다 못해 전 영국이 알고 있었음에도 불구하고 로버트 더들리는 집에는 단 한 번도 가지 않았습니다. 가끔 선물이나 보내면서 편지도 거의 보내지 않았고 보내더라도 냉정하고 사무적이었죠. 그런 선물과 편지에도 에이미 더들리는 매우 기뻐했다고 하니 참 안쓰럽습니다.

이는 당연히 스캔들이 되었고 외국 대사들은 본국에 '엘리자베스 1세에게는 연인이 따로 있으며 우리의 청혼에 관심이 없는데 있는 척할 뿐이 아닌가 의심스럽다'는 보고를 올리곤 합니다. 심지어 스페인의 공

작 같은 경우 펠리페 2세에게 다음과 같은 보고를 올립니다.

"로버트 경은 워낙 총애를 받아 하고 싶은 대로 하며 심지어 여왕 폐하께서는 그의 방을 낮밤을 가리지 않고 찾고 있으시다고 합니다. 로버트 더들리의 부인이 가슴 통증을 호소하는데 여왕 폐하께선 로버트 더들리와 결혼하기 위해 그 여자가 죽기만을 기다린다고까지 사람들은 말합니다." 주6

그야말로 전 유럽으로 이 같은 소문이 나고 있었으니 불쌍한 에이미는 영국의 모든 사람들이 자신을 버림받았다 생각한다는 것을 너무나 잘 알고 있었고 심지어 자신이 정말로 사랑했고 사랑으로 결혼했던 남편이 자신과 이혼을 준비하고 있을 수도 있다는 소문도 들었을 것입니다. 차라리 연애결혼이 아니라 당시 주변 모두가 그랬듯이 원치 않았던 정략결혼을 한 것이라면 마음이 조금이라도 덜 아팠을 텐데요.

조용히 있는 듯 없는 듯 작은 집에서 바느질을 하고 살림을 꾸리며 살던 에이미 더들리의 소식이 다시 궁중에 들려온 것은 엘리자베스 1세가 왕위에 오른 지 2년도 채 되지 않은 1560년 9월이었습니다. 불쌍한 에이미가 죽었다는 소식이었죠. 계단 밑에서 발견된 시신의 머리에는 두 군데 상처가 나 있었고 목이 부러져 있었습니다. 현대 의학으로 보면 아마 정말로 발을 헛디뎠거나 유방암이 전이되어 약해져 있던 뼈가 쉽게 부러졌을 것으로 생각되지만 당시에는 로버트 더들리가 여왕과 결혼하고 싶은 마음에 청부 살인을 한 것이라는 의견이 대부분이었습니다. 물론 조사에 의한 결론은 사고사 또는 자살이었지만 말이죠.

1877년에 윌리엄 프레데릭 이메스가 그린 「에이미 롭사르트 더들리의 죽음」.

몇몇 사람들은 오히려 엘리자베스 1세가 로버트 더들리와 결혼하고 싶은 마음에 몇 년에 걸쳐 에이미 더들리에게 독을 먹였고 그 결과 에이미 더들리는 지속적으로 가슴 통증을 호소하게 되었으며 결국 사망한 것이라고 수군덕거리기도 했습니다. 물론 대놓고 말했다간 여왕을 살인자로 몰아가는 것이었으니 당사자 앞에서는 감히 아무도 말을 꺼내지 못했죠. 에이미가 자살을 했다는 증거 역시 없는 것이나 마찬가진데요. 그날 아침에 에이미가 기도를 드리며 이 고통 속에서 자신을 데려가 달라고 했다는 하녀의 증언이 있었지만 곧 자살할 사람이 전날만 해도 평범하게 옷을 주문했다고 합니다. 유서도 없었습니다.

1584년에 발간된 「레이스터 커먼웰스Leicester's Commonwealth」에 따르면 에이미 더들리는 몇 칸도 채 되지 않는 계단 밑에 쓰러져 있었고 목은 부러져 있었으나 머리 위의 장식물은 전혀 손상되지 않았다고 했지만 사실 「레이스터 커먼웰스」는 로버트 더들리의 명예를 훼손하기 위해 쓰인 것이므로 그리 믿음직스럽지는 않습니다. 게다가 이후 이 얘기가 다른 문서에는 등장하지도 않습니다. 이 죽음이 사고였든 살인이었든 상관없이 로버트 더들리는 엄청난 소문에 휩싸이게 됐고 결국 에이미 더들리의 죽음으로 로버트 더들리도, 엘리자베스 1세도 얻어낸 것은 단 하나도 없었습니다. 엘리자베스 1세도 에이미 더들리의 죽음으로 인해 '연인을 얻으려고 불쌍한 부인을 살해한 살인마'라는 오명이 전 유럽에 퍼져버렸으니 이미지가 말이 아니었죠(물론 그렇다 해도 결혼하자는 남자가 줄어들지는 않았습니다).

부인이 죽건 말건, 로버트 더들리는 1588년에 사망할 때까지 엘리자베스 1세의 가장 가까운 친구로 지냅니다. 로버트 더들리는 에이미가

빅토리아 시대에 그려진 에이미 더들리 상상화.

사망하고 반년 동안 상복을 입지만 죽을 때까지 부인을 살해한 남자라는 소리를 듣지요(장례식에 참석하지 않았다고 욕을 더 먹기도 하는데 당시에는 남편이 부인 장례식에 참석하지 않는 것이 관례였습니다).

　'왕의 총애를 받고 값비싼 비단으로 휘감은 옷을 입은 세상에서 제일 잘생기고 멋진 나의 왕자님!' 이라며 로버트 더들리를 향한 사랑에 들떠 행복하게 결혼했던 17살의 에이미 더들리는 남편에게 버림받고 전 유럽의 동정을 한 몸에 받으며 눈물로 밤낮을 보내다 고작 28살의 나이에 미스터리하게 사망합니다. 그녀의 이 미스터리한 죽음은 그때도 지금도 많은 사람들의 호기심과 관심을 받으며 여러 작품으로 재조명되었습니다. 필리파 그레고리의 『엘리자베스 1세 여왕의 연인』, 월터 스콧의 『케닐워스Kenilworth』 등이 있으며, 특히 크리스 스키드모어의 『죽음과 처녀Death and the Virgin』에서는 에이미 더들리의 죽음을 둘러싼 음모설과 의문을 파헤치기도 합니다.

　에이미 더들리가 사망하자 로버트 더들리는 다시 한 번 미혼남이 되어 오매불망 엘리자베스만 바라봅니다. 엘리자베스 역시 대놓고 로버트를 총애하죠. 사람들은 곧 결혼할 것 같다며 수군덕거렸지만 엘리자베스는 수많은 염문을 뿌렸던 헨리 8세의 딸답게 로버트의 애간장을 녹이면서도 로버트와 결혼하려 하지는 않습니다. 기다리고 기다리던 로버트는 가문의 대는 이어야겠다며 에이미가 죽은 지 18년 만에 엘리자베스 몰래 재혼합니다. 여왕의 분노가 어찌나 두려웠던지 결혼을 철저히 비밀에 부치지만 낮말은 새가 듣고 밤말은 쥐가 듣는 지라 1년도 채 되지 않아 엘리자베스가 그 사실을 알게 되었죠. 여왕의 분노는 놀라울 정도였습니다. 로버트를 배신자라고 부르고 새 부인을 궁정에서 쫓아내버렸습니다. 하지만 그래도 로버트는 예뻤던 모양인지 엘리자베스는 로버트의 새 부인을 결코 용서하지 않았으면서도 로버트에게는 금세 다정하게 대했습니다. 자식을 보기 위해 몰래 결혼까지 했던 로버트 더들리의 노력은 태어난 아들이 3살에 죽어버림으로써 물거품이 되었고, 결국 더들리 집안은 엘리자베스 1세의 튜더 왕가와 마찬가지로 그들 대를 마지막으로 막을 내립니다.

7. 지혜로운 성녀와 악마의 하수인 사이
- 중세 유럽을 뒤흔든 마녀와 마녀 재판 이야기

　어린 시절, 저는 상상을 무척 좋아하는 아이였습니다. 마루 밑에는 작은 요정들이 살고 있으며 벽장 문을 열면 어둠 저편에서 또 다른 세계가 펼쳐지지는 않을까, 멋진 헌책방에서 우연히 발견한 마법의 책을 팔락팔락 넘겼더니 책 속으로 스스로 빨려드는 일이 생기진 않을까, 온갖 상상을 하며 밤을 지새우곤 했습니다. 현대 사회는 과학의 발전으로 인해서 더 이상 미스터리가 없을 정도로 엄청나게 성장을 했습니다. 이제 사람들은 마술을 두려워하기는커녕 가벼운 마음으로 즐기며, 아이의 젖니가 자랄 때 아파하면 토끼똥을 발라주라는 미신을 따르지도 않지요. 하지만 동물이 나무에서 열린다고 생각했던 시절, 은으로 만든 대야에 받은 물에 달이 비칠 때 세수를 하면 아름다워진다고 믿었던 시절도 나름의 매력이 있지 않을까요.

　비록 종이 위에 적힌 글일 뿐이지만 한번 상상해보세요.

전깃불이라고는 전혀 없는 칠흑 같이 캄캄한 숲속. 사박사박 발 아래 낙엽이 바스러지는 소리가 생생히 들려오고 어스름한 달빛만이 희미하게 비치고 있습니다. 쌀쌀한 가을 공기에 옷깃을 여미고 몸을 움츠리고 갈 길을 재촉하던 당신의 귀에 어디선가 희미하게 노랫소리가 들려옵니다. 차가운 가을바람과 뒤섞여 들려오는 노랫소리는 온몸의 털이 쭈뼛 곤두설 만큼 섬뜩한 동시에 매혹적입니다. 노랫소리를 따라 조심스레 다가가보니 숲속에 여러 명의 여자들이 한데 모여 있습니다. 그녀들은 불을 둘러싸고 열정적으로 춤을 추며 주문을 외웁니다. 알아들을 수 없는 기괴한 언어가 들려오고 광적인 몸동작들이 뿜는 짙은 열기가 느껴집니다. 텔레비전도, 신문도 없는 세상인지라 이런 비상식적인 일에 당신은 전혀 면역력이 없습니다. 심장은 터져버릴 듯 쿵쿵 뛰고 불길이 만들어내는 거대하게 펄럭이는 그림자들은 마치 악마가 세상에 재림한 것 같습니다. 애초에 발에 맞지도 않았던 낡은 신발이 벗겨지는 줄도 모른 채로 허겁지겁 마을로 달아난 당신은 숲에서 본 악마와 마녀들에 대해 이야기합니다. 그렇게 마녀의 전설이 시작됩니다.

"마녀를 살려 두어서는 안 된다." —「출애굽기」 22장 18절

음침하고 음험하며 검은 두건을 뒤집어쓰고 깡마르고 매부리코와 긴 손가락을 가진 늙고 깡마른 여자, 하면 무엇이 떠오르나요? 백설 공주에게 독이 든 사과를 건네거나 셰익스피어의 비극 『맥베스』에서 무시무시한 분위기를 자아내는 마녀들의 모습이 생각납니다. 그야말로 판타지 전성 시대인 요즘은 마녀나 마법사, 뱀파이어 등이 많은 인기를 누

마법을 부리는 마녀. 뒤에서 몰래 훔쳐보고 있는 남자가 눈에 띈다.

리고 매력적인 캐릭터로 여겨지지만 이들이 이토록 긍정적인(?) 이미지를 갖게 된 지는 그리 오래되지 않았습니다.

  이야기에 들어가기에 앞서 우선 옛날 사람들의 삶을 생각해봅시다. '빛의 공해'라고 할 정도로 24시간 휘황찬란하게 밝은 현대의 도시와는 달리 예전에는 태양의 부재란 완벽한 어둠을 뜻했습니다. 달빛이나 별빛이 비추긴 하지만 산속에선 그야말로 칠흑 같은 어둠으로 한 치 앞을 보는 것도 어려울 지경이었죠. 숲속에서 바스락거리는 소리가 들렸을 때 토끼나 다람쥐 따위를 떠올리는 우리와는 달리 과거에는 정말로 늑대나 곰 같은 맹수들이 숲을 어슬렁거려 두려움을 불러 일으켰습니다. 대부분의 사람들은 말 그대로 낫 놓고 기역 자도 알지 못했고 무엇이 거짓이고 무엇이 진실인지 알 길이 없었습니다. 세상의 끝이 어디인지, 세상에 정말 끝이 있는지도 몰랐던 옛날 사람들에게 죽은 지 사흘 만에 부활하시어 우리의 죄를 사해주셨다는 신의 존재가 너무나 당연한, 모두가 믿고 따르는 삶의 절대적인 진리였던 만큼 성경 속에 등장하는 사탄도, 신화 속에 등장하는 괴물들도 모두 어딘가에서 살아 숨 쉬고 있는 공포였죠.

교육을 받지 못한 민중에게 있어 갑작스런 가뭄, 끔찍한 전염병, 밀려드는 홍수와 태풍은 도무지 이해할 수 없는 현상이었습니다. 이유를 알지 못하고 당하는 고통은 원망을 심화시키는 법이기에 사람들은 자신들의 분노를 쏟아낼 희생양이 필요했습니다. 과학이 제대로 발전하지 못했던 옛날, 사람들이 받는 스트레스란 어마어마했지요.『스캔들 세계사』2권에 나왔던, 수많은 사람들이 갑자기 한곳에 모여 춤을 춰댔던 이야기에서도 가장 유력하게 지목된 원인이 '스트레스로 인한 집단 히스테리' 일 정도였으니까요.

그렇다면 이런 스트레스를 쏟아내야 하는데 어떻게 풀면 좋을까요? 요즘에야 하다못해 인터넷에서 익명으로 악플이라도 달며 쌓인 분노를 표출이라도 하지만 인구가 훨씬 적었던 옛날에는 옆옆 마을을 가더라도 우리 아버지 이름만 대면 온 동네 사람들이 내 사돈의 팔촌까지 훤히 꿰고 있었습니다. 도망가봤자 부처님 손바닥 안의 손오공이던 시절이니 화를 내고 누군가를 괴롭히고 원망하고 싶어도 그것을 분출할 방법이 없었습니다. 보통 우리는 이럴 때 신을 원망하곤 하지만 신성모독으

마법진을 그리고 온갖 약초를 채집해서 이상한 묘약을 만드는 여성의 모습은 공포의 대상이 되었다.

로 아주 끔찍한 고통 속에서 죽고 싶지 않은 이상, 당시에는 꿈도 꿀 수 없는 일이죠.

역사 속에서 다수의 강자가 소수의 약자에게 친절하고 인간다운 경우는 아주 드뭅니다. 희귀할 정도죠. 21세기에도 각종 차별은 아무렇지 않게 일어나고 소수자 집단은 폭행당하거나 심하면 살해당하곤 합니

마녀들이 악마와 만나는 사바트를 스페인의 화가 프란시스코 고야가 묘사한 그림.

다. 마녀 사냥이 등장한 시절, 가장 약자는 혼자 사는 여성이었습니다. 옆에서 지켜줄 아들도, 권력을 가진 남편도, 부자인 사위도 없는 그런 가난뱅이 외톨이 여성이 목표가 되었죠. 내 아이가 아파서 죽었는데 생각해보니 저 여자가 지난주에 아이 머리를 쓰다듬었다, 내가 실수로 저 여자 발에 물을 튀기자 날 쳐다보았는데 다음 날 내 돼지들이 다 죽었다, 저기 숲에 가서 악마랑 교미를 한다더라, 하는 소문들을 내도 보복할 힘이 없는 희생양들이었습니다. 한때는 경외의 대상이었던 마녀들이 현재에는 누군가를 마녀라 부르는 것만으로 모욕적이라고 느끼게 되었습니다. 자연과 교신하고 미래를 내다본다던 마녀들에게 무슨 일이 일어난 것일까요?

마녀, 주술사, 예언자, 점성술사 등 보이지 않는 존재와 소통하고 미래를 점치는 이들의 존재는 인류와 그 역사를 함께 합니다. 청동기 시대에도 마녀의 무덤이 존재하고 마녀가 사용했던 주술 도구들이 발견되었을 정도죠. 약하기 그지없는 신체를 타고난 인간이 내일도 내가 멀

악마에게 충성을 맹세하며 키스하고 십자가를 짓밟고 악마의 세례를 받는 이들의 모습. 빗자루를 타고 하늘을 나는 것도 빠질 수 없는 마녀의 조건이었다.

쩡히 살아 있을 수 있을지 궁금해 하고 신의 힘을 빌려서라도 야수의 발톱에 맞서길 기도하는 것은 어찌 보면 당연한 일이겠지요. 그렇기에 고대의 주술사들은 병을 고치고 적에게 저주를 내리고 자연의 신과 교감하는 신성한 존재로 대접받았습니다.

특히 기원전 4세기 무렵 독일에서 유럽으로 뻗어나간 켈트족으로부터 우리가 일반적으로 생각하는 마녀와 마법 등이 탄생했습니다. 나무를 신성시한 켈트족들은 그중 참나무(오크)를 가장 신성하다고 여겼고 무려 20년을 공부해야만 될 수 있는 현자들을 '오크에 대해 아는 자'라는 뜻인 드루이드라고 불렀습니다. 요즘이야 대여섯 살에 유치원에 들어가서 20년은 기본적으로 공부하니 20년 공부가 별 것 아닌 것 같지만 평균 수명이 30살이 넘을까 말까 했던 당시 20년의 공부란 인생의 절반이 넘는 시간을 온통 공부에 바치는 셈이었습니다. 그러다보니 주술사, 교사, 판사, 천문학자, 의사, 상담사 등의 역할을 하던 드루이드는 모든 이들로부터 존경받았고 아무도 그들을 공격하지 않았습니다.

"드루이드는 전통적 지혜의 수호자로서 도덕적 철학, 자연 현상, 신학을 연구했다. 당시 켈트 사회에서는 여성이 중요한 일원이었기 때문에 드루이드는 남성과 여성 모두 될 수 있었다. 그들은 종교 집회를 주관하며 인간과 신의 중간자 역할을 했고 가르침과 신성함을 통하여 켈트 사회의 도덕과 윤리, 종교에 영향력을 미치고 정치적, 법적 결정을 내렸다. (중략) 율리우스 카이사르는 켈트족의 불멸의 삶에 대한 믿음이 전쟁터에서 켈트족이 전설적인 용기를 가질 수 있게 한다고 말했다."[주7]

물론 마녀를 탄압하는 일이 뜬금없이 중세에 시작된 것은 아니었고 기원전 1200년 고대 이집트나 고대 그리스에서도 마녀를 잡아 처형한 일은 있었습니다. 하지만 이처럼 아주 먼 옛날의 마녀를 처벌한 것은 그들이 마녀였기 때문이 아니라 마법을 써서 남을 저주하거나 살해하는 등 '범죄를 저질렀다'고 생각했기 때문이었습니다. 마녀의 존재 자체는 의사이자 상담사의 역할인지라 '지혜로운 이'라고 불렸습니다. 하지만 이처럼 주술사에게 친절한 시대에도 끝은 있었으니, 바로 유일신을 섬기는 그리스도교가 유럽에 전파되기 시작한 때였습니다.

그리스도교의 힘이 강하지 않았을 초기에는 성직자들 역시 마법의 힘을 가진 보석과 돌에 연연하는 대중을 위하여 효험이 있다는 성자의 상이나 성수에 담근 보석들을 이용하였으며 마녀에 대해 그다지 신경 쓰지 않았습니다. 9세기에는 마녀라는 이유로 돌팔매질을 당해 죽어가는 사람들을 본 대주교가 군중을 설득하여 구출하기도 했고 11세기에는 교황이 나서서 신이 내린 재해를 힘없는 사람 탓으로 돌리지 말라고

사바트 집회. 프란시스코 고야가 1797~1798년에 걸쳐 그린 그림이다.

이야기하기도 했습니다. 그러나 그리스도교가 유럽에 깊숙이 뿌리내리기 시작하면서 다양한 변화가 나타나기 시작합니다.

그러다가 12세기 중반이 되자 카타리파라는 종파가 생겨났습니다. 여기서는 그들이 어떤 사람들이었는지 자세히 알 필요는 없고, 그냥 이 세상에 선과 악이 대치하고 있다는 주장을 했다는 것만 알아둡시다. 하느님이 하나가 아닌 둘이라고 하는 등 기존 그리스도교와 대립하는 주장을 많이 하였기 때문에 카타리파는 이단으로 여겨졌고 심지어 교황 이노센트 3세는 십자군까지 보내 싹 쓸어버렸습니다. 하지만 신과 대치하며 사람들을 타락시키기 위해 이곳저곳을 돌아다니는 악마의 이미지는 그리스도교에 남게 되었습니다.

유일신을 섬기는 그리스도교 초창기에는 그리스도교를 제외한 다른 종교의 신이 모두 악마의 여러 모습으로 여겨졌습니다. 그렇기 때문에 악마를 묘사할 때 그리스도교에서 악의 상징이라고 생각되는 것(새까맣다든지 타락 천사이므로 날개가 있다든지 하는 것들) 이외에도 켈트 신화의 신인 케르눈노스에게서는 뿔을 가져다 그렸고, 그리스 로마 신화에서는 목양의 신 사튀로스(팬)의 특징인 염소의 하반신을, 그리고 간혹 등장하는 여성의 가슴은 타 종교 여신의 상징을 가져다 그린 것입니다.

이제 그리스도교의 유일신을 제외한 모든 신은 악마라는 공식이 성립되었습니다. 그렇다면 그리스 신화 속 풍요의 여신 아르테미스를 숭상하며 달빛 아래서 춤을 추는 여자들도, 풍작을 기원하며 의식을 행하는 것도 모두모두 악마를 숭배하는 것이 되겠지요. 그렇게 하나님이 허락하지 않은 술법을 행하는 주술사들은 악마의 하수인으로 취급되었습니다. 더군다나 아무래도 사람인지라 자신의 능력을 부풀리기 좋아했

왼쪽부터 시계 반대 방향으로 팬, 악마(바포메트), 그리고 켈트 신화의 동물의 수호신 케르눈노스. 사탄교의 가장 유명한 상징인 그림으로 검은 날개, 염소의 발굽, 여성의 가슴, 높게 솟은 뿔 등을 확인할 수 있다.

95

을 주술사들과 신기한 주술을 보고 놀란 사람들에 의해 소문이 부풀려지기도 하여 마녀란 몸에서 영혼을 자유자재로 빼내기도 하고 먼 곳에서도 남을 다치거나 낫게 하고 요정이나 정령 등과 대화하며 동물을 다루기도 한다고 생각되었죠.

예전에는 경외하는 눈빛을 즐기기만 하면 되었겠으나 유일신과 악마의 존재를 믿게 된 사람들에게 이제 주술사란 무시무시하고 끔찍한 괴물이 되었습니다. 마녀로 몰려 화형당한 대부분의 사람들이 사실은 주술을 전혀 하지 않은 사람들이었다고 하지만 이처럼 주술사가 실제로 존재했기 때문에 마법이 진짜로 있고 사악한 악마가 요기조기 도사리고 있다고 생각한 것은 당시의 피해자뿐만 아니라 피의자도 마찬가지였습니다.

그러니 실제로 효과가 있든 없든 마법을 부리려고 노력한 사람들은 일부 있긴 있었고, 물론 대다수 사람들은 '마법이 뭣이여?' 하는 평범한 소시민일 뿐이었지만 극소수의 마녀들이 있어 아주 가끔씩은 실제로 증거가 수집되기까지 했습니다. 그러니 '마녀 얘기가 영 뜬구름 잡는 건 아니구나!' 또는 '마녀는 진짜로 있어!' 라는 생각을 굳건히 하도록 만들어 주었죠.

그렇게 시간은 흘러 13세기에 다다르자 교황 그레고리 9세는 최초로 마녀의 사형을 허가했고 14세기의 시작과 함께 유대인, 이슬람교도, 마녀 등 핍박받는 소수의 약자들은 마법, 약물, 저주를 이용하여 유럽의 그리스도교인들이 만들어 놓은 아름답고 평화로운(?) 왕국을 무너뜨리려 한다는 누명을 쓰게 되었습니다. 별 탈 없이 하루하루 지나갔더라면 이런 루머도 시들시들 힘을 잃었을 텐데 마녀들이 궁지로 몰리던 와중

바늘로 찔러서 피가 나지 않는 부분이 있느냐 없느냐는 마녀를 감별해내는 수많은 방법 중 하나였다.

에 엄청난 사건 하나가 빵! 터집니다. 바로 악명 높은 흑사병이 발생한 것이었지요.

앞에서 무시무시한 흑사병에 대해 이야기했었지요. 세상의 종말이 도래했다고 모두가 믿을 만큼 끔찍했던 흑사병으로 인해 지식인들마저 악마의 힘을 믿기 시작했습니다. 그리스도교에서 악마란 신에게 반대하고 대적하는 무리죠. 그러니 그런 악마를 숭배하는 마녀 역시 나라에 반하는 무리로 반역을 저지르는 것이라 여겼습니다. 그렇게 약초를 모아 동네 사람들의 병을 치료하던 동네 노파는 악마를 숭배하고 왕을 죽이려 드는 반역 죄인이자 마녀가 되었습니다.

"15세기 초 바젤 종교회의에서 가톨릭 성직자는 농민 반란을 성

> 직자의 순결을 무너뜨리려는 악마의 음모로 보았다. 따라서 마녀
> 재판을 용이하게 하는 조치를 취했다. (중략) 앙리 보게는 만약 남
> 자 마녀가 여자 마녀만큼 많고, 대귀족이 그들을 지휘한다면, 몇
> 몇 마녀가 자랑한 것처럼, 그들은 왕에게 전쟁을 일으킬 정도로
> 강력할지 모른다고 우려했다." [주8]

단순히 무식한(?) 백성들이 믿는 미신일 뿐이라 생각했던 것이 사실은 반역의 씨앗이었다니! 지나가던 왕의 머리 돌리는 데 이만한 것도 없었습니다. 게다가 옆 나라 아래 나라와의 동맹도 아니고 악마와의 동맹이라니 싹이 트기도 전부터 뿌리 뽑아야 후환이 없을 것이라 생각되었죠. 그렇게 마녀를 잡기 위한 심문관들이 악마와 계약한 마녀들을 색출하기 위해 눈에 핏발이 서도록 뛰어다니기 시작합니다.

그렇다면 마녀란 주로 어떤 사람들일까요? 아무래도 웬만해서는 힘이 세고 군사를 거느린 부자 공작에게 '네가 바로 악마의 하수인이로구나!'라고 외칠 수는 없으니 대부분의 피해자들은 지켜줄 사람이 없는 사회적 약자, 말하자면 어린 아이나 과부, 가난한 이들이었죠. 특히 주로 가난하고 혼자 사는 여성이었습니다. 마녀 사냥의 원인에 대한 의견이 참으로 분분하다 보니 21세기에 들어서도 쉬이 사그라들지 않는 논쟁 속에 있습니다. 일반적으로 종교 개혁으로 인한 구교와 신교의 대립, 종교 전쟁, 자본주의의 발달, 의학의 발전, 타락한 지배 계급, 독립적인 여성에 대한 증오, 집단 광기 등등을 이야기합니다. 물론 이 중 하나만이 마녀 사냥을 불러일으킨 것은 아닐 것입니다. 대개의 사회 현상들이 다 그렇듯 여러 가지 원인이 맞물려 벌어진 일이겠지요.

「마녀들의 비행」(1798). 프란시스코 고야의 그림이다.

피해자가 대부분 여성이라는 점에서 여성, 그것도 독립된 여성에 대한 남성의 증오심으로 인한 것이라는 주장이 많이 제기되고는 합니다. 우리말로 '마녀'라고 불리기는 하지만 이 '위치(Witch)'라는 단어는 단순히 여성만을 부르는 말이 아니어서 남자 마녀들도 얼마든지 잡혀 왔습니다. 하지만 절대 다수는 여성이었죠. 18세기 이전까지만 해도 여성은 남성보다 성욕이 넘치는 성별이라고 여겨졌습니다. 성적으로 타락하였고 자제력이 없기 때문에 악마의 유혹에 잘 넘어갈 수밖에 없다고 여겨졌지요. 악마와 계약을 하기 위해서는 성적인 교섭을 해야 한다고 생각했는데 이 만남이 이루어지는 의식은 사바트라 불렸습니다. 한밤중에 악마가 나타나 마녀를 데리고 하늘을 날아 의식 장소에 도착하면 십자가를 밟아 신을 부정하고 난잡한 성교를 하고 악마의 상징을 몸에 새겨둔다고 생각했죠.

여기서 당대 사람들의 논리를 들여다 볼 수 있습니다. 일단 악마는 신에게 대적하는 존재입니다. 그렇다면 악마는 신보다는 약하지만 그래도 신과 거의 비슷한 능력을 가졌겠죠. 나쁜 악마든 선한 신이든, 이처럼 위대하고 신성한 존재들은 남성 우월주의 사회의 통념상 도저히 여성일 수가 없었습니다. 그래서 악마도 신도 남자로 표현되지요. 악마가 남자이니 그를 숭배하고 그와 동침하는 이들은 (동성애를 생각하지 않은 것은 아니었지만) 아무래도 대부분이 성욕이 들끓는 데다가 약하고 멍청하고 천한(?) 성별인 여성이라고 생각되었고 그러므로 마녀는 여자라고 여겨졌습니다.

당시 남성들로만 이루어진 성직자들, 학자들, 지배자들이 보기에 이토록 미천한 여성들은 다행히도 결혼 전에는 아버지, 결혼 후에는 남편

마녀 재판에서 많은 이들은 사형을 선고받았고 설령 사형을 피하더라도 결국 그동안의 삶이 모두 망가져 버리곤 했다.

의 엄격한 지배 하에 놓여 있었습니다. 그런데 그런 규칙에서 벗어난 이들이 있었으니 바로 과부들이었습니다. 수도 없이 치러지는 전투와 전쟁, 돌고 도는 전염병 등으로 인해 남편을 잃은 이 여성들은 중세였다면 수녀원에라도 들어갔겠지만 종교 개혁으로 인해 많은 수녀원이 사라지면서 갈 곳 없는 처지가 되었고 독립된 상태로 혼자 살았습니다.

할 수 있는 일이 제한되어 있었으므로 삯바느질이나 산파, 요리사, 치료사 노릇을 하며 근근이 생계를 이어가던 과부들은 그야말로 지배 계층에게 있어 마녀의 이상적인 모습이었습니다. 약초와 각종 재료를 이용하고 악마에게 갓난아기를 바치고 먹기도 한다고 여겨졌던 마녀이기에 솥 앞에서 뭔가를 끓임없이 만드는 요리사, 약초를 캐러 다녀도 의심받지 않을 치료사, 세례를 받지 않은 아이에게 가장 쉽게 다가갈 수 있는 산파라는 직업은 모두 마녀가 할 법한 일이었으니까요.

아이가 건강하게 태어나거나 아프던 사람이 말끔히 나으면 그들은 칭송받았지만 만에 하나 아이에게 문제가 있거나 돌보던 환자가 사망하면 그들이 바로 마녀의 저주를 내린 것이라며 박해받았습니다. 세례를 받지 않은 갓 태어난 아기는 악마가 가장 좋아하는 깨끗한 영혼이라고 생각되어 아이가 죽으면 산파들이 일부러 아이의 목을 조른 것이라거나 악마의 침을 산모에게 바른 것이라는 누명을 썼습니다. 당시 태어나는 아이의 무려 1/5이 사망했던 것을 생각하면 총에 총알을 하나 넣고 머리에 대고 쏘아대는 러시안 룰렛보다도 위험한 게임이었죠. 게다가 나이 많은 과부들이란 오랜 삶을 통해 얻은 초자연적인 지식(이라고 해봤자 무슨 약초가 통풍에 좋다더라 하는 수준이었지만)을 가지고 무슨 생각을 하고 있는지 알 수는 없지만, 일단 여자고 결혼도 했었으므로 쾌락을 갈망하는 수상쩍은 노파들이었습니다.

> "노파가 성욕이 강하다고 주장하게 된 배경에는, 성적 경험이 있는 여자가 성적으로 간섭받지 않고 살아가는 것에 대한 남성의 깊은 두려움이 깔려 있었다. 젊은 처녀는 아무리 성욕이 강하더라도 결혼 전까지는 성적 경험이 없는 것으로 간주되었고, 결혼으로 그녀는 남편에게 엄격히 예속되었다. 그러나 성적 경험이 있으며 그 욕망이 식지 않은 성숙한 여인이 특히 독신으로 남아 있을 때는 두려운 존재가 되었다." [주9]

이렇듯 일반적으로 여성, 지켜줄 남편이 없는 과부나 젊은 미혼 여성들이 마녀로 지목되었습니다. 물론 간혹 부부싸움하다가 성이 난 남편이 아내를 고발하거나 결혼을 반대했다는 이유로 자식이 엄마를 고발하는 등의 어처구니없는 일이 일어나기도 했습니다. 광범위하게 사회적 약자라고 하면 여성, 노인, 아이가 있는데요. 일단 나이 많은 여성을 짚어 보았는데 그렇다면 아이는 어떨까요? 설마 아이들까지 고문하고 처형했을까 싶다면 맞습니다. 어린 아이들이라고 예외는 없어서 아이들도 재판을 받았고 한 재판에서는 무려 40명이 넘는 아이들이 마녀 혐의로 처형되었습니다. 그렇게 사회적으로 힘이 없고 가난하고 보호해 줄 사람 하나 없는 여자들, 아이들, 노인들이 마녀라는 이름 하에 스러져 갔습니다.

 악마가 존재할 뿐만 아니라 사람들 사이를 교묘히 돌아다니며 타락시키기 위한 술수를 서슴지 않고 그런 악마를 숭배하는 마녀가 곳곳에 숨어 있다는 두려움이 단순히 백성들뿐만 아니라 지배 계층에까지 퍼지게 되고 학자나 성직자들이 정말로 진지하게 마녀와 악마에 대해 다룬 책을 다투어 펴내면서 마녀 재판은 점차 일상이 되어갔습니다. 그렇다면 재판은 어떻게 이루어졌을까요. 각국마다 지역마다 시기마다 조금씩 다르게 이루어졌으나 대략적으로 한 번 알아봅시다.

 일단 12세기 무렵까지는 우리 집 아이가 갑자기 죽었다든지 옆집 아줌마랑 한바탕 싸움을 했는데 그 뒤로 닭이 알을 낳지 않는다든지 하면 의심은 시작되었고 의심은 소문이 되고 소문은 고발이 되어 마을의 '마녀'가 '적발' 되었습니다. 마녀라는 것에 좀 더 소극적이었기 때문이지만 13세기가 되면서 소소한 고발건들로는 만족하지 못한 주교들이 자신이 담당한 지역에서 악마의 하수인인 마녀를 색출하기 위해 나서기 시작합니다. 마녀 사냥의 시작이었죠. 그렇게 걸린 마녀는 끌려가 심문을 받습니다. 일단 잡혀온 사람들은 발가벗겨져 샅샅이 조사를 받았습니다. 악마가 마녀와 계약을 맺을 때 마녀에게 표식을 남긴다고 생각되었기 때문이었죠. 이 표식은 마녀의 젖이라 불리기도 했는데 몸에 돋아 있는 형태이거나 온몸에 바늘을 찔러 넣었을 때 피가 나지 않는다고 알려져 있었습니다.

　무고하게 처벌되는 이를 막겠다는 이유로 만들어진 로마법식 교회 증거법은 오히려 고문을 통한 피해자를 기하급수적으로 늘리는 결과를 낳았습니다. 그것은 바로 2명 이상의 현장 목격자가 증언을 하거나 본인이 자백하는 경우에만 유죄로 판결한다는 것이었죠. 자신이 마녀로 몰릴 각오를 하지 않는 이상 마녀가 주문을 걸거나 악마를 숭배하는 것을 직접 보았다고 나설 사람은 흔치 않을 것이니 마녀가 직접 자백해야 한다는 것인데 악마의 하수인이 순순히 자신의 잘못을 인정할 리가 없겠죠? 게다가 마술은 중얼거리기만 하면 이루어지는 놀라운 것이니 증거조차 남지 않네요! 그러니 당연하다는 듯 심문관들은 마녀라는 혐의로 잡혀온 사람들이 아무리 무죄임을 주장해도 들은 척도 하지 않고 끔찍한 고문을 행했습니다.

　옛날이라 하면 수상쩍은 사람이 원하는 대답을 할 때까지 무작정 괴롭혔을 것 같지만 사실은 여러 가지 법이 존재했습니다. 물론 요즘의 기준에서 보면 인권의 ㅇ자도 지켜주지 못하는 법이었으나 없는 것보다는 나은 법들이었죠. 그러나 마녀 사냥이 만연해지면서 이러한 법들은 마녀 심문에 있어서는 없는 것이나 다름없이 되어갔습니다. 특히 임산부는 고문하지 않는다는 것과 똑같은 고문을 반복하지는 않는다는 법들은 전혀 지켜지지 않았죠. 어떤 경우에는 무려 56번이나 같은 고문을 반복했다고 하니 피해자는 차라리 죽여 달라 외치고 싶었을 것입니다.

마녀로 의심받으면 꽁꽁 묶어 물에 집어넣었다. 떠오르면 악마가 보호하는 것이니 유죄였고 가라앉으면 무죄였다. 가라앉은 게 확실하면 다시 꺼내주었지만 익사하는 일이 자주 일어났다.

고문의 종류는 참으로 다양하고도 그야말로 원시적이어서 눈을 뽑아내거나 귀, 손가락, 발가락, 성기 등을 자르기도 하고 불로 지지고 손톱을 뽑고 코에 억지로 석회수를 주입하고 40시간 이상 강제로 잠을 재우지 않는 등 어마어마한 고통을 안겼습니다.

 이렇게 해야만 도저히 참지 못하고 마법을 부릴 거라 생각했고, 특히나 악마의 수호를 받는 마녀들은 고통을 거의 느끼지도, 눈물을 흘리지도 않는다고 생각하여 더욱 잔인하게 고문했습니다. 물론 실제로는 그토록 오랫동안 물도 마시지 못하고 고문만 받다보면 체내 수분이 부족해져 울고 싶어도 눈물이 나오지 않았을 것입니다.

 목에 칼이 들어와도 아닌 건 아니라고 외칠 수 있는 사람은 극히 드물기 때문에 잔혹한 고문을 한 대부분의 경우 유죄 판결 확률이 폭발적으로 수직상승하였습니다. 무려 95%를 넘어섰다고 해요. 거의 고문을 하

마녀의 처형. 불은 모든 것을 정화시킨다고 생각했기에 마녀들은 대부분 불에 태워졌다. 다만 산 채로 불에 던져지느냐 죽은 후에 불에 태워지느냐의 차이만 있었을 뿐이었다.

지 않았다는 영국에서 50% 대였던 것에 비하면 엄청나고도 소름끼치는 차이죠.

이처럼 고문을 받으면서 이른바 '마녀'들은 무엇을 말하라 강요받은 것이냐면 일단 본인이 마녀라는 것, 아이들을 죽게 하고 작물을 말라 죽게 하며 돼지가 새끼를 낳지 못하도록 저주했다는 것 등을 실토해야 했고 어떻게 악마랑 계약을 했는지 악마와 어떤 식으로 만남을 가졌는지를 상세하게 묘사해야 했죠. 그렇게 지금까지도 남아 있는 여러 삽화들과 마녀와 악마의 만남에 대한 이야기들이 생겨났습니다.

사바트에 참석했다는 누명을 쓰고 죽은 이들의 수는 끝도 없었지만 고문실 안에서 무슨 일이 일어났는지를 알기란 어려웠습니다. 다행히도 1628년 억울한 누명을 쓰고 처형당한 요하네스 유니우스라는 독일의 밤베르크 시장이 간수를 매수해서 남긴 편지를 통해 속사정을 조금이나마 알 수 있습니다.

"몇 천 번도 몇 만 번도 잘 있거라, 내 사랑스런 딸 베로니카야. 나는 무고하게 투옥되어 죄도 없이 고문을 받고, 죄 없이 죽지 않으면 안 되게 되었구나. (중략) 내게 '어떻게 이런 곳에 오게 되셨습니까?' 하고 묻더구나. 나는 '누군가가 날 모함하는 바람에 운 나쁘게도' 라고 대답했단다. 그러자 그가 말투를 바꿔 '잘 들으시오. 당신은 마녀요. 순순히 자백하시는 게 좋을 거요. 자백하지 않으면 증인과 고문 담당자를 데려올 테니.' 하고 말하더구나. '나는 마녀가 아닙니다. 그 일에 대해서라면 내 양심은 결백합니다. 증인이 몇 천 명이 있든 겁나지 않습니다.' 라고 나는 주장했단다. (중략) 고문 담당관이 들어와 내 엄지손가락을 비틀기 시작했다. 양손을 한데 묶어 비틀었기 때문에 손톱에서도 손의 여기저기에서도 피가 흘러나왔다. (중략) 4주 동안이나 손을 사용할 수가 없었다……. 그 뒤 그 놈들은 나를 벌거벗기고 양손을 등뒤로 묶은 뒤 (형틀에) 매달았다. 그 순간 나는 '이젠 끝이로구나.' 하고 생각했단다. 그 놈들은 여덟 차례나 나를 끌어올렸다가 떨어뜨렸다. 그 고통은 이루 말할 수도 없을 정도였지……. 그래서 나는 자백했다……. 그렇지만 그 내용은 전부 거짓말이었다. (중략) 그 다음에 (사바트)에서 어떤 사람들을 만났는지 그들은 물었다. 나는 아무도 알 수 없었다고 대답했다. '이 요망한 늙은이, 고문 담당자를 다시 데려와야겠나? 대답해.' (중략) 그곳에는 아는 사람이 없었지만 그럼에도 8명의 이름을 말해야만 했다. (중략) 그런 다음 어떤 범죄를 저질렀는지를 말해야만 했다. 나는 아무것도 말하지 않았다. '이 거짓말쟁이를 매달아라!' 그래서 나는 내 아이들을 죽여야만 했지만 대신에 말 한 마리를 죽였다고 진술했지만 그것은 도움이 되지 않았다. 그래서 나는 다시 성체를 들고 모독했다고 지어냈다. 그렇게 말하자 비로소 놓아주었다. (중략) 두 번 다시 너를 볼 수가 없을 것 같구나." 주10

1628년 7월 24일, 지독한 고문을 받고 억울한 죽음을 앞둔 아버지가 떨리는 손으로 써내려간 이 편지를 전해 받은 딸의 마음이 어떠했을지 상상도 되지 않습니다. 아내가 마녀 혐의로 사형에 처해진 지 얼마 되지 않아 체포되었던 요하네스 유니우스 시장은 편지가 전해진 지 얼마 지나지 않아 처형당했습니다.

일반적으로 마녀가 처형되기 전에 재판이 열렸지만 쉽게 예상할 수 있듯이 전혀 공평하진 않았습니다. 흔히 생각하는 것과는 달리 재판은 교회에서 주관하지 않았고 오히려 마술과 저주가 국가를 위협하는 행위로 받아들여졌기 때문에 일반 법원들에서 마녀에 대한 재판이 이루어졌습니다. 마녀라는 존재가 초자연적인 것이었으므로 교회는 옆에서 이론적인 부분에 대해 도움을 주었을 뿐이었죠. 15세기 말부터는 아예 교황청으로부터 완전히 독립된 특별 재판소들이 생겨났습니다. 대부분 속전속결로 이루어진 이 재판들 뒤에 마녀로 지목된 이들을 기다리는 것은 끔찍한 죽음이었습니다.

드라마나 영화, 소설 등에 등장하듯 많은 마녀들은 화형에 처해졌습

인간이 겪을 수 있는 고통 중 가장 고통스럽다는 '산 채로 불에 태워지는 고통'을 겪는 마녀들을 집행인들은 천연덕스럽게 지켜보았다.

니다. 다만 조금은 다행스럽게도 모든 마녀가 산 채로 태워진 것은 아니었고 목을 조르거나 칼로 찌르거나 베거나 익사시킨 후에 시신을 불에 태우는 경우가 많았죠. 간혹 추방령을 받는 경우도 있었는데 이 경우는 살던 고향에서 억울하게 쫓겨나야 하긴 했지만 그래도 산 채로 화형당하는 경우에 비하면 그야말로 축복이나 마찬가지였죠. 아무 이유 없이 최소 고향에서 쫓겨나거나 최대 불에 타 죽어야 하다니 정말 끔찍하죠? 듣기만 해도 소름끼치는 이런 마녀 사냥은 그야말로 집단 광기에 가까워서 한 번씩 마녀 사냥이 일어나면 그 지역의 여성들은 공포에 떨어야 했습니다.

"독일의 로텐부르크 시 당국자는 1585년에 발생한 마녀 사냥이 마을의 모든 여성을 말살시킬 것이라고 우려했다. 바로 그해 마녀 광기가 휩쓸고 간 두 마을에서는 여성이 한 명씩밖에 남지 않았으므로, 그들의 우려는 절대 과장된 것이 아니었다." [주11]

잠깐씩 사람들의 마음이 발작을 일으키는 것처럼 마녀 사냥은 급작스럽게 생겨났다가 또 갑자기 사라져버리곤 했습니다. 마녀 사냥이 사라진 데는 다양한 이유들이 있지만 차근차근 보다보면 모두 요즘과 다를 바 없이 쉽게 이해가 됩니다. 일단 처음에 마녀 사냥이 시작되면 사람들은 미친 듯이 열광하였습니다. 무시무시한 악마의 하수인이 주변에 있다는 생각에 너도나도 고발하지만 그렇게 고발되는 '혼자 사는 수상쩍은 여자'는 생각보다 적은 데다 동료들의 이름을 대라는 추궁에 고문을 이기지 못하고 그 피해자들이 아무 이름이나 대면서 얼마 지나지 않아 온 마을 사람들이 마녀라는 의심을 받게 되었습니다.

심지어 주교(!)까지 마녀의 집회에 와 있었다는 소리가 나올 정도가 되면 대중들도 심문관들도 다들 '진짜 마녀가 있긴 있는 건가' 하고 의심하게 됐지요. 게다가 마녀랍시고 잡혀온 사람들을 고문하는 것도 일이었고 용의자들이 몇 개월 동안 감옥에 갇혀 있는 것도 문제였습니다. 수감자에게 식비나 감옥 대여비를 내게 하는 일도 간혹 있었지만(잡혀온 것도 억울해 죽겠는데 돈까지 내라니 눈앞이 깜깜해졌겠죠) 보통은 마을에서 비용을 감당했는데, 그 많은 사람들을 가둬놓고 먹이고 재우는 데에는 생각보다 돈이 아주아주 많이 들었습니다. 악마고 자시고, 일단 먹고 사는 게 부담스러워지면 그 동네에서 마녀 사냥은 자연스럽게 사그라들었죠.

그런 식으로 여기저기서 마녀 사냥이 폭발적으로 늘어났다가 줄어드는 일들이 반복되는 와중에 고위 법관들의 태도는 마녀의 존재 자체에 회의적이었습니다. 무고한 피해자가 발생한다는 것을 알아채고 나자 하위 법관들에게 좀 더 조심하도록 했고 고등법원으로 항소되는 사건들을 무죄 처리하거나 벌을 줄여주었죠. 게다가 마녀 사냥을 이용해 정적을 처리하려는 지배층이 늘어나면서 다들 의심을 품게 되었고 1687년에 루이 14세가 마술을 금지하는 칙령을 내릴 즈음에는 적어도 유럽에서는 마녀 사냥이 역사 속 이야기가 되어가고 있었습니다. 한 예로 영국의 마법에 관한 법률 중 1542년에 제정된 것은 헨리 8세에 의한 것으로 마법을 부리는 것을 사형 당할 만한 끔찍한 범죄로 규정하고 있었지만 1735년 제정된 법률은 영혼을 불러낼 수 있다거나 미래를 볼 수 있다고 하는 것은 사기죄로 벌금형을 부과하고 있었습니다.

아무 죄 없는 사람들을 고문하여 마녀로 몰아 죽이거나 괴롭히는 일들은 유감스럽게도 오늘날에도 일어나고 있습니다. 약자를 향해 쏟아지는 거대한 사회적 화풀이의 대표적인 예인 마녀 사냥은 사실 형태만 바뀌었을 뿐 지금까지도 계속 이어져 내려오고 있는 듯합니다.

8. 포카혼타스, 진짜 이야기

― 디즈니 애니메이션이 들려주지 않은 아메리카 원주민 여성 마토아카의 삶

　백설공주, 「잠자는 숲속의 공주」의 오로라, 「인어공주」의 에리얼, 라푼젤, 「겨울왕국」의 애나와 엘사, 뮬란, 포카혼타스……. 애니메이션 왕국 디즈니 사가 탄생시킨 수많은 여주인공 가운데 이국적이거나 특이한 주인공이 여러 명 있습니다. 그중 포카혼타스는 단연 인상적이었지요. 까무잡잡한 피부의 원주민 소녀라니! 늘상 보던 하얀 피부의 공주들과 달라 신선했습니다. 애니메이션 「포카혼타스」(1995)는 실존 인물을 토대로 하여 더욱 주목을 받았지만 실화와 많이 달라 비판도 많이 받았습니다. 여기서는 영화보다 덜 달콤하지만 파란만장하고 용감한 삶을 살았던 소녀 포카혼타스 이야기를 해보겠습니다.

　포카혼타스는 1595년 무렵에 태어났다고 여겨집니다. 아무래도 달력 따위와는 인연이 없는 자유로운 삶을 살던 아메리카 대륙의 원주민들이었기 때문에 생년월일은 정확히 알 수 없지요. 존 스미스가 1608년에

쓴 『버지니아의 진정한 관계 속에서In True Relation of Virginia』라는 책에는 당시 포카혼타스가 10살쯤 된 소녀였다고 나옵니다. 하지만 1616년에 쓰인 편지에는 예전에 만났던 포카혼타스를 묘사하면서 12~13살 소녀라고 밝히고 있습니다. 10살과 13살의 발육 차이를 모르는 아저씨라 그런 걸까요? 아니면 포카혼타스가 발육이 느렸던 것일까요?

우리가 디즈니 애니메이션을 통해 본 존 스미스와는 달라도 너무 다른 실제 모습.

포카혼타스는 현재 버지니아 동부에 거주하던 부족인 트세나코마카 족장의 딸이었습니다. 추장의 이름은 포우하탄이었고 그에게는 무려 100명의 아이들이 있었다고 하니, 족장님이 대단히 바쁘셨던 모양이죠. 그 많은 아이들 중 포카혼타스는 포우하탄이 가장 예뻐하는 딸이었답니다. 존 스미스도 책에서 포카혼타스를 추장의 '가장 아끼고 사랑하는 딸(Most dear and beloved daughter)'이라고 표현하고 있습니다. 그런 눈에 넣어도 안 아플 딸내미가 피부는 허옇고 머리털은 누런, 어디서 굴러먹다 온 지도 모를 놈을 데려왔으니……. 도끼로 내려치려 했던 아버지의 심정이 이해됩니다.

포카혼타스의 진짜 이름은 마토아카랍니다. 포카혼타스란 '작은 말괄량이' 정도의 뜻을 가진 별명이구요. 당시 아메리카 원주민들은 이름

존 스미스가 쓴 책에 묘사된 포카혼타스의 아버지 포우하탄.

을 여러 개 사용했는데요, 어떤 문맥에 사용하느냐에 따라 이름도 바뀌었다고 해요. 예를 들면 '포카혼타스! 네가 물병 깼지!!' 정도일까요. 그리고 본명은 신성시했기 때문에 외부인들에게는 밝히지 않았다고 합니다. 1607년, 영국에서 온 개척자들이 포카혼타스의 땅에 들어옵니다. 포카혼타스는 그때 백인을 처음 보았겠죠?

포카혼타스와 존 스미스의 만남은 존 스미스의 책에 잘 묘사되어 있습니다. 스미스가 지나치게 낭만적으로 묘사했다는 비난을 받기도 하는데요, 아무튼 스미스 쪽에서 들려준 이야기는 이러합니다. 당시 적대적이기도 하고 친절하기도 한 여러 부족들을 만나던 존 스미스는 어느 날 포카혼타스의 부족에 초대됩니다. 말이 별로 통했을 것 같지는 않지만 처음에는 다 함께 춤도 추고 음식도 먹고 술도 나누며 즐겁게 이야기하고 떠들었습니다. 그러나 잠시 후 추장 표정이 싹 굳어 뭐라고 한마디 하자, 원주민들이 일어나 존을 묶고 바닥에 무릎을 꿇립니다.

스미스를 살리는 포카혼타스. 그저 부족 관습에 따라 존 스미스를 살리는 척했던 것일 수도 있지만 포카혼타스의 행동은 유럽인들에게 의도치 않은 감동을 전해주었다.

방금 전까지만 해도 함께 하하호호 웃던 사람들이 금세라도 자신을 죽여 버릴 듯이 방망이를 가지고 무시무시하게 노려보기 시작합니다. 잠시 후 존 스미스의 머리는 평평한 돌 위에 눌려지고 당장이라도 처형할 듯한 살벌한 분위기였는데 갑자기 자그마한 원주민 소녀가 달려나와 존 스미스의 머리를 감싸안고 벌하지 말라고 소리칩니다. 소녀는 포우하탄 추장(당시 이 부족의 힘이 막강했기 때문에 영국인들에게 왕/황제라고도 불렸답니다)의 딸인 포카혼타스 공주였습니다. 아아, 그렇게 아무것도 모르는 순진하고 어린 원주민 소녀는 위대한 대영제국의 국민을 살려낸 것이었습니다!

굉장히 드라마틱한 이야기이지만 사실 그것은 부족의 관습으로, 부족으로 들어오려는 사람은 우선 배불리 먹고 마시고 놀다가 이런 처형─구출의 통과의례를 거쳐야 했다고 합니다. 말하자면 포카혼타스는 그저 맡은 역할을 충실하게 한 것뿐이었죠. 달달한 로맨스와 제국주의의 망상이 무너지는 소리가 들리는군요. 이 사건은 실제로 일어났느냐 아니냐를 두고 의견이 굉장히 분분합니다. 스미스가 허세를 부린 것인지, 실제로 있었던 일인지, 있었던 일이긴 한데 더 과장된 건지, 그 자리에 있었고 글로 남긴 사람이 스미스뿐이니 진실은 모를 일입니다. 아무튼 그리하여 두 사람은 친구가 되었습니다. 그리고 유럽에서는 이 사건을 '야만인과 문명인 사이에 싹튼 사랑!'이라며 너무나 낭만적으로 생각하였죠. 누가 누굴 보고 야만인이라고 하는지 모르겠지만, 아무튼 그래서 그 장면을 묘사한 그림들이 많답니다.

그 후 포카혼타스는 아버지와 존 스미스 사이에서 의사를 전달하는 역할을 했고 개척자들이 건설한 제임스타운과 부족 사이에 전사 1명과 아이 1명을 교환하여 서로의 방식을 배우게 하기도 했습니다. 제임스타운의 영국인들이 먹을 것이 없었기 때문에 원주민들은 영국인들에게 먹거리를 제공하고 영국인들은 원주민들에게 여러 가지 도구와 영국식 침대, 붉은 망토 등을 주었습니다. 한번은 존 스미스보다 상관이었던 캡틴 뉴포트가 포우하탄 추장에게 칠면조 20마리를 주면 검 20개를 주겠다는 제안을 했습니다. 그러나 원주민들이 칠면조 20마리를 가지고 나타났을 때 존 스미스는 검을 20개나 주는 것에 반대하며 7개만 주었습니다. 그래서 원주민들이 받기로 한 검을 훔쳐가려 하자 그중 7명을 포로로 잡았습니다. 약속을 해놓고 받을 것은 다 받고 대가는 제대로 지불하려 하지 않으니 화가 날 만도 하지요. 그러자 포카혼타스가 곧 으르렁거리기 시작한 남자들 사이에서 중재를 하였습니다.

잠깐만 머물다 갈 거라던 영국인들이 그들의 땅에 머문 지 2년이 되

미국 화가 진 레온 제롬 페리스가 그린 「1612년 포카혼타스의 납치」.

었을 때 존 스미스는 권총을 잘못 다뤄 부상을 입습니다. 그래서 영국으로 돌아가지요. 영국인들과 원주민들 사이에 관계가 점차 나빠지고 있었기 때문에 전보다 뜸하게 오던 포카혼타스가 제임스타운에 왔을 때, 사람들은 포카혼타스에게 존 스미스가 죽었다고 전합니다.

그 다음 해에 포카혼타스는 코코움이라는 남자와 결혼을 하고 다른 부족의 마을로 가서 살게 됩니다. 그녀는 행복한 신혼 생활을 보내고 있었지만 제임스타운에서 포카혼타스의 쓸모를 깨달은 영국인 새뮤얼 아르갈은 포카혼타스를 납치할 계획을 세웁니다. 포카혼타스는 아버지로부터 영국인들과 어울리는 것을 금지당한 상태였기 때문에 포카혼타스 곁으로 다가가기 어려웠던 새뮤얼은 다른 부족의 족장과 그 부인을 이용하여 포카혼타스를 배로 유인하고 납치해서 제임스타운으로 데려갑니다. 그리고는 포카혼타스의 아버지에게 옥수수를 주고 포로도 풀어주고 영국이나 주변 부족과 모두 평화롭게 지내지 않으면 딸을 돌려

결혼하는 포카혼타스와 존 롤프. 포카혼타스와 존 롤프의 결혼은 단지 두 사람이 만난 것뿐 아니라 유럽과 아메리카 대륙이 사돈지간이 되는 순간인 셈이었다.

보내지 않겠다고 으름장을 놓습니다. 포우하탄 추장은 옥수수를 좀 주고 추수가 끝나면 더 주겠다고 약속하고 포로도 풀어줍니다. 그러나 평화조약은 맺지 않고 주변 부족들과 전쟁도 계속합니다. 그래서 포카혼타스는 다른 영국인 개척지로 끌려가 그곳에서 영어와 영국식 생활 방식을 배우게 됩니다.

그런데, 도대체 포카혼타스의 남편은 뭘 하고 있었던 걸까요? 사랑하는 아내가 납치되었는데 남편은 왜 구하러 오지 않았을까요? 안타깝게도 당시 관습상 포카혼타스가 다른 남자한테 납치된 순간 그녀는 다른 남자의 것이 되며, 따라서 둘의 결혼은 끝난 것으로 간주되었기 때문에 더 이상 포카혼타스는 코코움의 부인도 가족도 아니었습니다. 그러므로 당연히 코코움에게는 포카혼타스를 구출할 의무도 없었죠. 당사자

세례를 받고 새로운 이름을 받는 포카혼타스. 존 개츠비 채프먼이 1840년에 그린 그림이다.

인 포카혼타스 역시 남편보다 아버지를 더 원망했다고 합니다. '내가 그깟 칼이나 도끼보다 못한가요?'라며 부족들에게 서운함을 토로했다고 해요.

포카혼타스는 그곳에서 존 롤프라는 담배 농장을 경영하는 남자를 만나고 다시 한 번 영국인과 원주민들 사이의 외교관 역할을 하게 됩니다. 그러나 자신들의 땅에 쳐들어온 영국인들을 곱지 않은 시선으로 바라보는 원주민과 원주민들을 그저 야만인 취급하던 영국인들은 당연히 사이가 좋을 수가 없었고 수많은 원주민들이 죽고 영국인들의 집이 불타는 일이 되풀이되었습니다. 그런 그들을 외교적으로 평화롭게 만든 계기는 포카혼타스와 존 롤프의 결혼이었습니다. 굉장히 신실한 그리

스도교 신자였던 존 롤프는 포카혼
타스와의 결혼을 무척 망설이지만
포카혼타스가 그리스도교로 개종하
면서 결혼을 결심합니다. 그리고 그
때부터 포카혼타스는 레베카 롤프
라는 이름으로 불리게 됩니다.

포카혼타스와 아들 토머스 롤프.

두 사람은 담배 농장에서 2년 동안
살면서 아이도 낳습니다. 1615년에
태어난 아이의 이름은 토머스 롤프
였지요. 둘의 결혼은 평화를 가져왔
고 원주민들과 영국인들은 몇 년에
걸친 평화 속에 많은 교역들을 성사시킬 수 있었습니다. 포카혼타스와
존 롤프는 아이와 함께 영국을 방문합니다. 포카혼타스가 알았는지는
모르지만 사실 그들은 '길들여진 야만인'의 상징으로 그녀를 영국에
데려간 것이었습니다.

결국 존 스미스와 포카혼타스 사이에 로맨스는 실존하지 않았습니
다. 12살이었던 포카혼타스가 30살이 다 되었던 존 스미스를 좋아했을
지는 몰라도 우리가 생각하는 '디즈니풍'의 아름다운 사랑은 없었답니
다. 그들은 12명의 다른 원주민과 토모코모라는 이름의 원주민 성직자
와 함께 런던에 도착합니다. 그리고 포카혼타스는 존 스미스가 살아 있
음을 알게 됩니다. 존 스미스는 포카혼타스를 만나러 오지는 않았지만
당시 영국의 통치자였던 앤 여왕에게 포카혼타스를 친절하게 대해줄
것을 부탁하는 편지를 보냅니다.

영국 왕실에 공주로 소개되는 포카혼타스.

포카혼타스는 정확히 말하면 '공주'는 아니었지만 영국에 돌아온 개척자들은 포카혼타스를 공주로 소개하며 포우하탄 제국의 가장 사랑받는 공주로 칭합니다. 그렇게 해야 그런 귀하신 몸을 데려오고 결혼까지 한 자신들이 더 대단해 보이겠죠. 그래도 공주로 칭해진 덕분에 포카혼타스는 그럭저럭 괜찮은 대접을 받습니다. 적어도 『스캔들 세계사』 2권에 나온 사르키 바트만 같은 취급은 받지 않지요.

얼마 뒤 포카혼타스는 존 스미스를 만납니다. 존 스미스를 만나 너무나 놀란 포카혼타스는 한참 동안 말을 꺼내지 못하다가 존 스미스를 '아버지'라고 불렀다고 합니다. 존이 그 호칭을 거부하자 포카혼타스는 "당신은 나의 아버지의 나라로 들어왔을 때 두렵지 않았습니까. 저를 제외하고 아버지와 모든 사람에게 두려움을 심어주었죠. 그러니 난 당신을 아버지라고 부르겠어요. 그리고 당신은 절 아이라고 부르세요. 그렇게 전 영원히 당신의 나라 사람이 되는 것입니다."라고 이야기했다고 합니다.

1617년, 포카혼타스는 고향으로 돌아가기 위해 배에 오르지만 템스

숨이 막혀 보이는 영국식 옷을 입은 포카혼타스.

강도 채 빠져나가기 전부터 매우 아팠고 얼마 후 혼수 상태에 빠지면서 고작 22살의 나이에 사망합니다. 포카혼타스는 롤프에게 지상에서의 마지막 말을 남겼습니다.

"모든 이는 죽습니다. 제 아이가 산다는 것만으로 충분합니다."

미국 역사에 한 획을 그은 포카혼타스는 오늘날에도 구세계와 신세계를 연결하는 상징으로 알려져 있습니다. 포카혼타스의 자손들은 번성하여 지금도 미국에서 살고 있답니다.

9. 오스만 제국의 '올드 보이'
– '형제 살해'라는 오스만 제국의 무시무시한 왕위 계승법

 피는 물보다 진하다고 합니다. 우리는 가족을 위해서라면 어디까지 희생할 수 있을까요? 피는 권력보다도 진할까요? 아니면 권력 앞에서 가족이나 형제, 자식 따위는 한낱 바람 같은 것일까요?

 이번 이야기에 앞서 우리가 이 시대를 조금이나마 이해해보기 위해서 감정을 이입해 보겠습니다. 당신은 한 나라의 왕입니다. 작은 나라도 아니고 다스리는 영토가 무려 세 대륙에 걸친 대제국입니다. 이런 나라의 대를 잇기 위해 자식들을 여럿 두었는데 왕의 자리는 단 하나, 그 자리에 오를 수 있는 것도 단 1명의 아들뿐입니다. 하지만 이 엄청난 제국의 왕이란 자리는 단순히 포기하기에는 너무나 달콤하여 아들들은 금세 치고받고 싸우다 그중 하나가 왕위에 오른다 해도 다른 아들들이 포기하지 않고 계속 왕위를 노리며 형제가 형제를 모함하고 죽이는 일이 끊임없이 일어나고 있습니다. 당신이라면 이를 해결하기 위해 어떻

게 할까요? 제국을 지키느냐, 가정의 평화를 지키느냐 하는 갈림길인 것입니다.

15세기 오스만 제국을 다스리면서 수없이 많은 정복 전쟁을 펼쳐 '정복자 메흐메트'라 불린 제7대 술탄 메흐메트 2세(1432~1481, 재위 1451~1481) 역시 이런 걱정을 하고 있었습니다. 메흐메트 2세는 약관 21살에 콘스탄티노플(오늘날 이스탄불)을 점령하여 무려 4세기부터 존재해왔던 비잔티움 제국을 멸망시키면서 오스만 제국의 전성기를 활짝 열어젖힌 대단한 술탄이었죠.

현재까지도 이슬람 국가들에서 위대한 영웅으로 칭송받는 메흐메트 2세가 이처럼 나라를 이끌어 힘을 강화시키니 덩달아 술탄인 그의 힘도 강해져 술탄의 권력은 하늘 높은 줄 모르고 치솟았습니다. 그런데 이렇게 열심히 다져놓은 제국이 고작 아들들 싸움에 무너져 내리는 꼴은 상상만 해도 오싹한 일이었겠죠. 게다가 메흐메트 2세에게는 어린 시절 마음의 상처가 있었습니다. 그것은 할아버지인 메흐메트 1세가 형제들과 싸우느라 나라를 거의 파괴하다시피한 것을 두 눈으로 똑똑히 지켜본 것이었죠. 메흐메트 2세는 제국을 지키겠다는 일념으로 그야말로 극단적인 선택을 하게 됩니다.

> 새로 술탄이 된 자는 첫 아들이 생긴 순간
> 모든 형제들을 실크 줄로 목 졸라 죽여라

정말 무시무시하죠. 아무리 어머니가 다른 형제라 해도 형제는 형제인 것을. 보통 사람들은 생각도 못했을 이 방법은 엽기적이기도 잔인하

21살의 나이에 콘스탄티노플을 점령하며 오스만 제국의 전성기를 연 메흐메트 2세.

기도 비도덕적이기도 했지만 결과적으로 형제가 일으키는 반란은 원천 봉쇄할 수 있었기에 곧 받아들여졌습니다. 물론 메흐메트 2세가 아예 법으로 못 박아 버린 것도 한몫했지요. 다만 왕위 계승 2순위쯤 된다면 몰라도 애초에 왕위에 별 관심도 없는 서열 14번째쯤의 왕자라면 다가올 죽음이 억울하기 짝이 없었겠죠.

어제 태어난 갓난아기라도 술탄의 형제라면 모조리 살해하는 이 무시무시한 법은 무려 150여 년 동안이나 잘 지켜졌고 메흐메트 3세 때에는 19명이나 되는 형제가 단지 술탄의 형제라는 이유만으로 실크 끈에 목이 졸려 살해당했습니다. 이는 형제 살해가 이루어진 기간 중 가장 많은 수의 살해였죠(마치 오스만 제국 술탄은 이름이 전부 메흐메트인 것 마냥 느껴지실 텐데 사실 그렇지는 않고 형제 살해에 관련된 술탄들 가운데 셋이 우연히 이름이 같을 뿐이랍니다). 아이러니하게도 가장 많은 형제를 죽인 메흐메트 3세의 아들에서부터 형제 살해 관행이 사라지기 시작합니다.

메흐메트 3세에게는 주목할 만한 아들이 셋 있었습니다. 그중 셋째 아들 야흐야의 어머니는 야흐야가 형제 살해를 당할까 두려워하여 어린 야흐야를 몰래 해외로 보내버렸습니다. 야흐야는 오스만 제국이 믿는 이슬람이 아닌 그리스도교 세례를 받고 자랐는데 어머니의 걱정과는 달리 야흐야의 두 형이 모두 왕위에 오르기 전에 죽어버렸습니다. 장자가 왕위를 잇는 평범한(?) 왕국이었다면 야흐야가 당연히 다음 번 술탄이 되었겠지만, 마치 맹수들처럼 형제간에 피 터지는 싸움을 벌여 승자가 술탄의 자리에 오르는 오스만 제국에서 당시 국내에 있지도 않은 야흐야는 계승 전쟁에 끼지도 못했고, 결국 넷째 아들 아흐메트가 13살의 나이로 술탄 아흐메트 1세가 되었습니다.

메흐메트 2세. 이슬람의 영웅이지만 가족과 제국 중 제국을 택한 비정한 아버지이기도 하다.

이 아흐메트가 바로 형제 살해를 사라지게 만든 술탄이 되었는데 그에게는 무스타파라는 자신보다 1살 어린 12살 난 남동생이 있었습니다. 무스타파는 전혀 영특하지 않았고 술탄 즉위 당시 13살이었던 아흐메트에게는 당연히 아들이 없었으므로 아흐메트 1세는 남동생 무스타파를 하렘 깊숙한 곳에 있는 감옥에 가두었습니다. 감옥의 이름은 카페스로 '새장'이라는 뜻이었습니다.

하렘, 하면 우리는 세계 각지에서 온 미녀들로 가득한 퇴폐적인 궁을 상상하곤 하지만 사실 하렘은 왕비를 비롯해서 모든 후궁들이 사는 '규방'을 가리키는 단어로, 조선 시대의 내명부처럼 여성들의 생활 공간일 뿐, 거의 벌거벗은 여성들이 오매불망 왕을 기다리며 목욕을 하고 성적 기교를 연마하는 곳이 아니랍니다. 하지만 동양의 신비에 목말랐던 유럽인들에게 하렘은 그야말로 신비로운 장소처럼 여겨졌고 특히 유럽 남성들은 자신만을 바라보는 나긋나긋한 수많은 여자들을 상상하며 눈을 빛냈죠. 요즘은 한 사람을 향해 많은 이성이 애정을 바치는 것을 하렘이라 부르곤 합니다.

"중요한 곳만 겨우 가린 아리따운 여인들이 술탄과의 달콤한 유희를 기다리며 수영장 주변을 어슬렁거리는 모습을 담은 할리우드 영화와는 정반대로, 하렘은 사실 엄격한 관리와 훈련 체계를 갖춘 고도로 정교하면서도 복잡한 공동체였다. 하렘의 지휘권은 술탄의 어머니에게 있었다." [주12]

하렘의 은밀한 '새장'에 갇혀 살던 왕자는 행복했을까요? 무스타파

뒤틀린 오리엔탈리즘과 결합하여 하렘에 대한 수많은 야릇한 상상들이 난무하지만 사실 하렘은 엄격한 규칙을 따르는 터키의 '내명부'였다.

형제 살해 관습을 깨뜨린 아흐메트 1세.

이후 수많은 왕자들이 이 카페스에 갇혀 바깥 세상을 전혀 알지 못한 채로 살아갔습니다. 여자, 음식, 여흥이야 원하는 대로 제공되었지만 오늘 죽을지 내일 죽을지, 언제쯤이면 밖으로 나갈 수 있다는 기약도 없이, 오늘 술탄의 기분이 좋아서 '내 형제나 아들을 하나 죽여볼까' 하는 생각이 들지 않기만을 바라면서 하루하루를 보내다보니 대부분 정신에 문제가 생겼습니다. 무스타파도 예외는 아니었죠. 어릴 적부터 그리 건강한 정신을 가지고 있지 않았던 무스타파가 새장 속에서 점점 더 정신줄을 놓아가고 있을 때 형인 아흐메트 1세가 어린 아들들을 두고 사망합니다.

아흐메트 1세에게는 총애하는 여인이 둘 있었는데, 그녀들에게는 모두 아들들이 있었습니다. 그중 장남인 오스만이 술탄의 자리에 오르면 자신의 아들들이 실크 끈에 목 졸려 살해될 것을 염려한 애첩이 아흐메트 1세의 아들들은 아직 너무 어리다고 주장하였죠. 왕궁에서 입김이 셌던 그녀의 힘으로 동생인 무스타파가 술탄이 되어야 한다는 의견이 나오자 당시 하렘을 관리하던 흑인 환관들의 대표가 무스타파의 정신 문제를 제기하며 반대합니다. 하지만 감옥에 오래 갇혀 살았으니 그리 된 것 아니겠냐며 나와서 사람들도 좀 만나고 바깥 공기 좀 마시면서 쉬

무스타파 1세. 갑자기 세상 밖으로 끌려나와 술탄이 된 것이 어리둥절한 듯한 표정이다.

면 싹 나을 것이라는 말로 묵살당합니다. 그렇게 14년 동안 갇혀 살던 오스만 제국판 '올드 보이'는 갑자기 세상 밖으로 끌려나와 제국의 유일무이한 술탄 무스타파 1세가 됩니다.

이는 오스만 제국 역사상 최초로 선왕의 아들이 아닌 형제가 왕위를 이은 사건으로, 이를 통해 싸움의 승자가 아닌 나이 많은 놈이 최고라는 새로운 관행이 생겨나게 되었습니다. 물론 전 세계에 퍼져 있는 장자 계승 법칙을 생각하면 흔한 전통 같지만 조금 다른 점은 자식이든 형제든 상관없이 무조건 나이 많은 자가 왕위를 잇는 것이기에 왕의 아들들이 아니라 왕의 형제들이 진정한 서열 상위권이 되었습니다. 즉 삼촌이 조카를 제치고 왕위에 앉는 사건은 오스만 제국에선 충격적인 사건이 아니라 너무나 당연한 수순이 된 것이죠.

얼떨결에 술탄이 되었지만 강산도 변한다는 세월도 넘는 오랜 시간을 하렘에만 갇혀 지낸, 게다가 정신도 온전치 않은 무스타파 1세가 정치를 제대로 할 수 있을 리가 없었습니다. 물론 바깥 공기도 정신 치유에 전혀 도움이 되지 않았죠. 어린 시동을 카이로의 총독으로 보내는가 하면 자기한테 잘해줬단 이유로 작위를 내려주기도 하니 술탄 자격이 없음이 자명해졌습니다.

그렇게 1617년에 왕위에 올라 그저 허수아비처럼 이용만 당하며 제국을 다스리던 무스타파 1세는 1618년 다시 카페스로 쫓겨났고 조카이자 형 아흐메트 1세의 장남인 13살의 오스만이 오스만 2세로 왕위에 오릅니다. 하지만 이미 왕을 좌지우지하는 맛을 본 이들에게 아직 성년도 아니면서 정치에 의욕을 보이고 열심히 하려는 영특한 왕은 거슬리는 존재였습니다. 결국 제국의 최정예 부대이자 술탄의 경호대인 예니체

영특한 것이 죄였던 소년 술탄 오스만 2세.

리가 반란을 일으켜 어린 왕 오스만 2세를 살해합니다. 무스타파에게 다시 기회(?)가 온 것이었죠. 예니체리들은 가만히 카페스에 앉아 있는 무스타파를 꺼내려 했는데 정작 무스타파가 왕 하기 싫다고 문을 열어 주지 않아 결국 지붕을 부수고 이불을 밧줄처럼 묶어 내려가서 무스타파를 꺼내왔다고 합니다.

다시 제국을 다스리게 된 무스타파는 행복했을까요? 전혀 그렇지 않았습니다. 물론 나라를 다스릴 정신이 없었지만 그렇다고 주변 사람들에게 끌려다니며 시키는 대로 해야 하는 것도 달갑지 않았겠지요. 주변에서 아무리 조카인 오스만 2세가 죽었다고 말해도 무스타파 1세는 들리지 않는 듯 궁의 복도를 돌아다니면서 방마다 문을 두드려가며 애타

술탄의 경호대인 예니체리와 행차하는 오스만 2세. 자신을 지켜주던 검이 자신을 죽이는 검이 될 줄 상상이나 했을까?

게 조카를 찾았습니다. "제발 돌아와서 나를 이 왕좌에서 벗어나게 해다오!" 하고 애걸하면서 말이죠.

그러던 와중에 술탄을 멋대로 조종하며 권력에 취해 있는 예니체리에 불만을 품은 반대파가 반란을 일으키며 오스만 2세의 죽음에 복수하기 위해 이스탄불로 쳐들어오겠다고 하고 있었고 어리버리한 무스타파를 두고 양측에서 아웅다웅하다가 결국 오스만 2세의 11살 난 동생 무라트 4세가 왕위에 오릅니다. 무스타파는 '얼씨구나' 하고 냉큼 왕좌를

오스만 2세의 동생으로, 무스타파 1세가 쫓겨나고 11살의 어린 나이로 왕위에 오른 무라트 4세. 훗날 전쟁을 직접 지휘하며 바그다드를 재정복하는 등 뛰어난 기개를 보였다.

넘겨주고 감옥으로 돌아갔고 그곳에서 16년을 더 살다가 47살의 나이로 사망하였습니다.

　이후 술탄의 형제들뿐만 아니라 술탄의 아들들까지도 술탄에게 반항하지 못하도록 카페스에 가두어 키우는 것이 관행으로 자리 잡혔습니다. 서로 죽이지는 않아도 되기에 왕자들이 살아남기 위해 싸우는 일은 줄었지만 살아 있기 때문에 권좌를 노리고 음모를 꾸미는 일은 기하급수적으로 늘어났습니다. 그런데 사실 그보다 더 큰 문제는 평생을 새장 속에 갇혀 사는 경우들이 많다보니 막상 술탄이 되어도 나랏일에 대해 글자 그대로 아무것도 모른다는 것이었습니다. 언제 죽을지, 언제쯤 카페스에서 벗어날 수 있을지 하루하루 두려움에 떨면서 살아야 했던 왕자들은 대부분 정신 질환을 앓았고 술탄이 되어도 정신적 문제에서 벗어나지 못했습니다. 결국 점차 술탄은 상징적인 지위로 변했고 이는 1922년 마지막 술탄 메흐메트 6세까지 이어졌습니다. 메흐메트 6세는

마지막 술탄 메흐메트 6세.

56살에 술탄의 자리에 올랐는데 그 전까지 평생을 하렘에 갇혀 지냈습니다. 그나마 다행인 것은 예전에는 술탄이 아니면 여자는 만나도 자식은 낳아서는 안 되었으나 규율이 완화되어 결혼도 하고 아이도 둘 수 있었다는 것이었죠.

오스만 제국이 종말을 고한 뒤에야 메흐메트 6세의 후계자는 겨우 '새장' 밖으로 나올 수 있었으니 권좌를 지키고자 했던 조상님들의 욕망이 얼마나 오랜 기간 동안 수많은 무고한 후손들의 삶을 좌지우지했는지요. 부모도, 자식도, 형제도 없는, 그야말로 피도 눈물도 없는 권력 세계의 비정함이 절절히 느껴집니다.

10. 왕의 자리를 탐낸 꽃미남
– 영국의 명예혁명과 제임스 스콧

『스캔들 세계사』 1, 2권을 모두 읽은 독자라면 결코 잊을 수 없는 이름이 하나 있습니다. 옛날 옛날 쿨워터향 풀풀 풍기는 영국의 신데렐라 넬 귄이라는 멋진 여인이 있었지요? 그녀의 남자 친구 이름은 찰스. 직업은 왕, 연인도 워낙 많고 피임은 안 해서 낳은 서자가 셀 수도 없이 많은 남자였죠. 기억나시나요? 이번에는 이 당돌한 신데렐라 넬 귄의 남자 친구이자 영국의 왕이었던 찰스 2세의 첫 번째 서자 이야기를 해보겠습니다.

찰스 2세는 워낙 놀기를 좋아해 연극도, 여자도 좋아했었답니다. 그런 찰스 2세한테는 헤어졌다 만나기를 반복하던 연인이 있었으니 그녀의 이름은 루시 월터였습니다. 넬 귄보다 훨씬 먼저 등장했던 여자인데, 그녀에 대한 당대 사람들의 평가는 '예쁘긴 예쁜데 지루하기 짝이 없다' 였죠. 아직 '백치미' 란 단어가 없던 시절인가 봅니다.

아직 영국 왕은 아니고 스코틀랜드 왕이었던 시절의 찰스 2세와 루시가 만난 지 얼마 되지 않은 1649년, 19살 난 루시에게 통실통실 귀여운 남자아이가 뿅 하고 태어납니다. 앞으로 수없이 태어날 찰스 2세의 서자들 가운데 첫째, 그것도 아들의 탄생이었죠. 아이의 이름은 제임스였습니다. 나중에 성이 하도 많이 바뀌니 일단 제임스로 알아둡시다. 적어도 아빠 이름 따라 짓는답시고 찰스로 안 지은 것만으로도 감사해야 할 지경이지요. 왕의 서자임을 인정받아 피츠로이라는 성이 붙어 이름이 제임스 피츠로이가 되었습니다. 제임스가 태어난 지 2년 만인 1651년에 찰스 2세와 루시의 연애는 완전히 끝이 났고 왕과의 연애는 대개 해피엔딩이 아닌 법인지, 루시는 연애가 끝난 후 얼마 지나지 않아 가난에 허덕이다 스파이 혐의로 감옥 체험(?)까지 하면서 겨우겨우 살아갔지만 그것도 잠시, 얼마 후 불과 28살에 세상을 떠납니다.

어린 제임스는 크로프츠 남작 가문에 맡겨져 제임스 크로프츠라는 이름으로 자라납니다. 그러다 9살이 되자 찰스 2세의 어머니이자 찰스 1세의 왕비인 앙리에타에게 보내져 잠시 프랑스에서 키워지지요. 그와 더불어 토머스 로스라는 과외 선생도 따라 붙었습니다.

이처럼 흔하디 흔한 서자 취급은 전혀 하지 않고 귀족 자제처럼 키운 것만 보아도 찰스 2세가 첫 아들을 얼마나 챙겼는지 느껴집니다. 프랑스에서 어린 제임스는 할머니의 손에 이끌려 할머니의 결혼식에도 가고(할머니라고 해봤자 제임스가 태어났을 때 찰스 2세가 고작 19살이었으므로 호호백발 할머니는 아닙니다), 루이 15세의 궁정에서 춤도 추고 파티도 즐기며 살았습니다. 아버지를 닮아 춤을 워낙 잘 춰서 여러 귀족들과 왕이 칭찬했다고 하니 바람둥이 피, 어디 안 가나 봅니다.

수도 없이 많은 여자들을 만나 끝없는 스캔들을 만들어낸 찰스 2세.

루시 월터. 어쩐지 넬 귄을 약간 닮은 듯한 것이 찰스 2세의 취향이 느껴진다.

　1662년, 제임스가 14살이 되자 아버지 찰스 2세는 엄청난 부잣집 딸인 앤 스콧과 결혼을 시켜주었습니다. 제4대 버클루 백작 부인이 된 앤 스콧은 제임스보다 2살 어린 12살이었고, 14살, 12살짜리 부부는 첫날밤을 보내고 다음 날 일어나자마자 버클루 백작 부부가 아니라 버클루 공작 부부로 격상되었죠. 이래서 날 때부터 금수저 물고 태어나거나 줄을 잘 타야 하나 봅니다.

　이때부터 제임스는 부인의 성에 따라 제임스 스콧이 되었고 그 뒤로 평생 제임스 스콧이란 이름으로 살았습니다. 아버지 찰스 2세는 자신의 맏아들에게 이제 돈은 충분한데 지위가 아직 부족하다고 느꼈는지 여러 작위를 내려 주었습니다. 왕위를 이을 수는 없지만 먹고 사는 데 전혀 문제가 없도록 배려해준 것이었죠. 그렇게 어린 제임스는 제1대 몬머스 공작이 되었고 여기에 더해 돈캐스터 백작, 틴데일 스콧 남작까지 되었습니다. 그것으로도 부족했는지 옥스퍼드 대학과 케임브리지 대학 명예 학위에 가터 훈장까지 내려주었습니다. 가터 훈장은 영국에서 내릴 수 있는 최고 권위의 훈장이랍니다.

이처럼 왕이 대놓고 '아이고, 내 새끼 예뻐 죽겠네!!' 해대질 않나 왕비도 제임스에게 다정하고 친할머니도 제임스를 어화둥둥 귀여워하자 영국 사람들은 '이러다 제임스가 후계자가 되는 것 아니냐'고 수군덕거렸습니다. 게다가 얼굴은 또 여리디 여린 소년미를 어찌나 물씬 풍기는지 온 동네 귀족 여인네들이 다 쓰러질 지경이었죠. 그런 와중에 정작 찰스 2세의 왕비에게는 아이가 단 1명도 태어나지 않았으니 제임스 스콧의 입김은 점차 세져만 갔습니다. 사람들에게 인기도 많았고 그야말로 왕자처럼 살았지요.

찰스 2세는 적법한 자식이 없다는 이유로 어쩔 수 없이 동생인 제임스(이름 똑같은 제임스가 등장했네요. 이분은 그냥 삼촌 제임스라고 하겠습니다)를 후계자로 인정했지만 신교도가 대부분인 영국에서는 가톨릭교도인 삼촌 제임스를 질색했습니다. 서자인 제임스를 적법한 후계자로 만들어주지도 않을 거면서 그저 예쁘다고 퍼부어졌던 아버지 찰스 2세의 애정은 제임스에게 아주 나쁜 영향을 미치게 되어 영국 왕좌를 향한 제임스의 야망은 점차 커져갔습니다. 이제 사춘기였으니 사춘기 소년 특유의 허세도 한몫하지 않았을까 싶긴 합니다. 그러던 와중인 1665년에 영국은 아메리카 대륙(오늘날 미국) 동쪽에 있던 네덜란드의 식민지를 습격해서 전쟁을 일으켰고, 네덜란드 식민지였던 뉴 암스테르담은 뉴욕으로 이름이 바뀌었습니다. 훗날 왕이 되는 찰스 2세의 동생이 '요크' 공작이었기 때문에 그를 따라 지은 이름이었죠.

16살 소년 제임스는 제2차 네덜란드 전쟁에서 큰 성과를 거둡니다. 어린 나이임에도 왕의 아들이고 하니 무려(!) 영국 함대의 사령관을 맡게 되었죠. 제임스는 전쟁에서 꽤나 뛰어난 성과를 올렸고, 단숨에 영웅이 됩니다. 군인이 천직인가 싶었던 제임스는 군대에 전념했고 19살에 대령이 되었습니다. '역시 금수저!' 싶은 엄청난 승진이죠. 그리곤 왕실호위대 사령관이 되었죠. 아마 평생을 왕실호위대를 위해 노력했던 이들도 있었을 텐데, 그 사람들은 참 허탈했겠네요.

1672년, 23살이 된 제임스 스콧은 6,000명의 군사를 이끌고 제3차 네덜란드 전쟁에 뛰어듭니다. 제임스는 선두에 서서 군사들을 지휘하면서 두려움을 모른다는 평가를 얻었고 얼마 지나지 않아 아버지 찰스 2세로부터 또 다시 여러 직위들을 받습니다. 그중 하나는 마구간 관리인이었습니다. 마구간 관리인이 이름에서 폴폴 풍기는 말똥 냄새와 달리 얼마나 엄청난 권력이 있는 자리인지 『스캔들 세계사』 1권에서 이야기한 적 있었죠!

제임스가 25살이 되자 든든하게 장성하여 전쟁터도 휩쓸고 다니는 아들에게 아빠 미소를 띠던 찰스 2세는 아예 "군사 관련 문제는 나한테 들고 오기 전에 우리 귀염둥이 제임스에게 먼저 상의하라!"라는 명령을 내리기까지 했습니다. 그야말로 왕세자를 키우는 절차를 차근차근 밟아가는 느낌이지요. 그렇게 부인인 앤 스콧과의 사이에 귀여운 아이를 7명이나 낳고 자기만의 서자도 몇 명 낳으면서 즐겁게 살고 있던 제임

아버지 찰스 2세와는 딴판으로 꽃미남인 어린 제임스. 엄마를 많이 닮았다.

스에게 찰스 2세의 사망 소식이 전해집니다. 언제나 왕자같이 살아왔던 제임스에게 그것은 단순히 아버지의 죽음이 아니라 자신의 위치까지도 위태로워지는 끔찍한 일이었죠. 물론 당시 제임스는 아주 잘생긴 신교도 공작으로 영국 국민들에게도, 아가씨들에게도 인기가 높았지만 아무리 그래도 적통 후계자인 삼촌을 이길 수는 없는

소년으로 성장한 제임스의 얼굴에서 아버지 찰스 2세의 모습이 조금씩 보이기 시작한다.

법이었습니다. 인기투표로 왕을 뽑는 건 아니니까요.

무력 없이는 절대로 이길 수 없는, 무력을 쓰더라도 이기기 힘들 수 있는 이 싸움에 뛰어들겠다고 제임스가 감히(!) 결심을 하게 된 데에는 아무래도 평생을 '어화둥둥 내 새끼!' 하면서 키워온 아버지 찰스 2세의 영향이 컸죠. 게다가 가톨릭신도인 삼촌 제임스가 왕위를 계승하는 것에 대해 의회 내에서도 말이 많았습니다. 가톨릭교도가 나라를 다스리면 안 된다는 반대파에는 시민층이 많았으며 휘그당이라 불렀고 왕권을 옹호하고 피를 따라 내려가는 왕위 계승을 지지한 찬성파에는 귀족들이 많았으며 토리당이라 불렀습니다. 즉 삼촌 제임스가 왕이 되느냐 마느냐는 영국 의회 역사상 최초로 양대 정당이 생길 정도로 큰 사안이

장성한 제임스. 어릴 적 미모를 고스란히 간직하고 있다.

었던 것입니다. 그러니 제임스 스콧이 자신에게 기회가 있을지도 모른다는 착각을 하기에 충분했겠죠.

일단 제임스는 자신이 사실 진짜 적통 후계자라고 주장하려 했습니다. 바로 엄마인 루시 월터와 찰스 2세가 사실은 비밀리에 결혼했었다는 것이었죠. 그러자 갑자기 제임스가 루시 월터의 다른 연인의 아들로 찰스 2세의 서자도 아니라는 소문이 돌았습니다. 뭐, 그 소문이 어디서 나왔을지는 뻔하지요. 삼촌 제임스는 진짜로 찰스 2세가 루시와 결혼했다는 증거가 있을까 봐 전전긍긍했다고 합니다. 제임스가 찰스 2세의 아들이 아니라는 것과 루시와 찰스 2세가 결혼했었다는 것은 최근까지도 큰 논쟁거리였는데요. 2012년에 제임스의 후손과 찰스 2세쪽 가문인 스튜어트 가문의 유전자를 비교한 결과 서로 공통점이 발견되었다고 해요. 어휴, 무서운 역사학자들! 루시 월터와 찰스 2세가 비밀리에 결

전쟁에 나간 제임스. 위풍당당하기가 마치 왕자와도 같다.

어른이 된 제임스의 모습에서 사랑을 듬뿍 받고 자라났다는 것이 환히 보인다.

혼했는지는 아직까지도 알 수 없습니다.

 말로 해서는 안 되겠다고 생각한 제임스는 다른 나라들의 도움을 받으려 했습니다. 특히 신교도인 오렌지공 윌리엄한테 부탁했지만 거절당했죠. 그래도 소수의 지지자들이 있었기 때문에 제임스는 네덜란드에서 배를 타고 영국으로 와서 사람들을 모았습니다. 생각보다 제임스를 지지하겠다고 모여든 사람들의 수가 많아 나흘 만에 무려 6,000명의 군사를 모을 수 있었지만 말이 6,000명이지 대부분 무장 상태는 제임스가 대령 시절 가볍게 물리치곤 했던 반란군만큼이나 형편없는 수준이었습니다. 하지만 제임스는 멋대로 대관식을 올리고 군사들을 런던으로 진격시켰습니다.

 하지만 군사가 6만도 아니고 고작 6,000명에, 무장 상태도 형편없고 타국의 지지도 받지 못한 데다 내세울 혈통이라고는 서자라는 것밖에 없는 제임스가, 적법한 왕인데다 타국과 동맹도 맺고 제대로 훈련된 군대를 거느린 삼촌에게 맞서서 이길 가능성은 길가는 3살짜리 꼬맹이한테 물어봐도 명확한 것이었죠. 그렇게 왕의 군대에게 신나게 쫓기면서 2,000명이 죽어나가고 도망치더니 약 3,000명의 왕의 군대와 마주치고는 정말이지 눈 깜짝할 사이에 제임스의 군사들은 와해되어 버렸습니다. 그렇게 몬머스 공작 제임스 스콧이 일으켰던 '몬머스 반란'은 끝이 났습니다.

제임스는 농부의 옷을 빼앗아 입고 걸음아 나 살려라 하고 도망쳤지만 일평생을 궁정에서 예쁘다는 소리만 들으며 우아하게 살던 남자가 옷만 허름하게 입었다고 그 태를 어찌 벗겠습니까. 왼쪽 초상화의 저 뽀얀 피부를 보세요. 결국 제임스는 금방 잡혀서 삼촌 앞으로 끌려갔습니다. 그리곤 삼촌 앞에 무릎 꿇고 엉엉 울며 가톨릭으로 개종하고 조용히 살겠으니 살려만 달라고 싹싹 빌었죠. 물론 손이 묶여 있었을 테니 손을 싹싹 빌진 못했겠지만 말이죠.

어릴 적 함께 사냥을 다니고 말 타는 법을 가르쳐주었을 삼촌은 표정 하나 변하지 않고 조카에게 사형 선고를 내렸습니다. 그나마 베푼 자비라면 다른 공모자들이 당할 벌과 달리 가볍게(?) 목만 잘라 죽이는 벌을 준 것이었죠. 다른 공모자들이 받을 벌을 들으시면 정말 목만 잘려 죽는 게 고마울 지경이라 생각하실 거예요. 잔인할 수 있으니 잔인한 것 못 보는 분들은 다음 문단으로 뛰어넘어 버리세요!

영국 특유의 형벌인데요. 다른 공모자들은 사지를 말에 붙들어 매고 찢어지기 직전까지 잡아당긴 다음 교수형에 처했습니다. 교수형도 그냥 목뼈를 부러뜨리는 게 아니라 정신이 혼미해지도록 묶어두었다가

'삼촌, 잘못했어요!' 삼촌 제임스 앞에 끌려온 제임스 스콧을 묘사한 존 페티의 그림(1882년 무렵).

정신을 잃을 때쯤 풀어주고, 성기를 자르고 배를 갈라 내장을 꺼내 불에 던지고는 자신의 장기와 성기가 불에 타는 것을 지켜보도록 하고는, 그때까지도 안 죽으면 사지를 자르고 마지막으로 목을 베었습니다. 차라리 빨리 죽여달라 빌 수밖에 없겠죠. 제임스 편을 들어 새로운 왕을 추대하려 했던 반역자들 중 잡히기 전에 죽거나 그나마 가벼운 벌을 받은 이들을 제외하고 무려 302명이 이런 벌을 받았습니다.

다시 제임스로 돌아가자면 찰스 2세가 가장 사랑하던 아들은 수많은 런던 사람들이 지켜보는 가운데 목을 내밀고 무릎을 꿇었습니다. '아, 내 찬란하고 화려했던 삶이 이렇게 단칼에 끝나는구나!' 싶었겠지만 전날 술이라도 거나하게 마셨던 것인지 사형 집행인은 도끼를 휘청휘청 휘둘렀고 제임스의 목은 단칼에 잘리지 않아 도끼날이 제임스의 목을 후려치고 튕겨 나왔습니다.

제임스의 비명 소리와 몸부림에 사형 집행인은 도끼를 다시 한 번, 다시 또 한 번 휘둘렀지만 도끼날이 무딘 것인지 제임스의 목이 너무 튼튼한 것인지, 제임스의 고통만 더해질 뿐이었죠. 제임스가 죽을 때까지 내리쳐졌던 횟수는 공식 기록은 5번, 당시 구경꾼들이 세었던 비공식 기록(?)은 8번으로, 마지막까지도 제임스의 목이 바구니로 떨어지지 않아 사형 집행인이 자기 주머니에서 고기 먹을

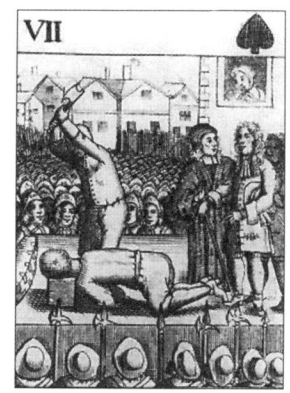

제임스 스콧의 처형 장면. 그 화려하던 영화는 단칼, 아니 다섯 칼에 끝이 났다.

때 쓰는 나이프를 꺼내 제임스의 남은 목 근육을 잘라내고서야 제임스는 사망했습니다. 원래 이런 구경 좋아하는 당시 사람들조차 눈살을 찌푸리며 사형 집행인의 미숙한 도끼질을 욕했습니다. 그리고 그렇게 왕자처럼 키워져서 왕의 자리가 자신의 것인 줄 알았던 제임스 스콧은 1685년, 36살의 나이로 눈을 감았습니다.

조카의 반란에 충격을 받은 삼촌 제임스 2세는 다시는 이런 일이 없게끔 자기의 권력을 엄청나게 키우기 위해 노력했습니다. 그렇잖아도 새 왕이 가톨릭교도인 것이 마음에 안 들었던 영국 사람들이었지만 제임스 2세는 자기편인 가톨릭 인사들을 정부 요직에 두루 배치하고는 반란을 초기에 진압해버린다는 명목으로 누구라도 체포할 수 있도록 법을 바꾸고 자기의 군대를 조직했습니다.

모두가 아시다시피 영국은 의회의 나라였으니 당연히 의회가 크게 반발했지만 제임스 2세는 코웃음을 치며 의회를 해산시켜 버렸습니다.

그래도 왕이니까 하고 꾹 참고 있었는데 제임스 2세에게 아들까지 태어나 버립니다. 제임스 2세의 딸은 신교도였기 때문에 제임스 2세만 죽으면 다시 신교 국가로 돌아갈 수 있다고 생각하며 그야말로 왕 죽을 날만 손꼽아 기다리고 있던 신교도 영국인들에게는 그야말로 청천벽력 같은 소식이었죠.

'가톨릭 왕조의 시작이니라, 응애~!' 하고 꼬물거리는 건강한 어린 왕자의 울음에 이대로 가다간 영국이 정말 손쓸 새도 없이 계속 가톨릭 국가가 되겠다 싶었던 영국 의회에서는 휘그당, 토리당 할 것 없이 함께 앞에서 도와달라는 제임스 스콧의 요청을 거절했던 오렌지공 윌리엄에게 몰려가서 우리의 왕이 되어달라고 요청했고, 남이 왕 되는 건 도울 생각 없어도 자기가 왕 되는 건 아주 좋았던 윌리엄은 득달같이 달려왔습니다. 이 오렌지공 윌리엄이 어찌 영국 왕이 될 수 있느냐면, 그는 제임스 2세의 딸 메리와 사촌지간이자 메리의 남편이었기 때문입니다. 즉, 장인어른 치러 온 겁니다. 부인인 메리도 같이 왔으니 메리는 자기 친아버지를 치러 온 거구요. 권력 앞에선 다들 막장이지요.

그렇게 진짜로 아무도 피를 흘리지 않은, 글자 그대로의 '무혈'은 아니었지만 몬머스 반란에 비해 죽은 사람이 매우 적어 '무혈 혁명'이라고도 부르는 명예혁명(1688)이 일어났고 조카 제임스를 죽였던 삼촌 제임스 2세는 딸과 사위에 의해 왕좌에서 쫓겨나 프랑스로 망명했다가 거기서 죽었답니다.

아버지를 쫓아내고 왕위에 오른 메리 2세와 아내 한번 잘둔(?) 덕분에 왕까지 된 윌리엄 3세 앞에 영국 의회는 '권리선언'을 들이밉니다. 이 '권리선언'은 1689년에 '권리장전(Bill of Rights)'으로 전국에 공포되었

장인어른인 제임스 2세를 쫓아내고 자기가 왕이 된 오렌지공 윌리엄(윌리엄 3세).

는데 내용은 그 전까지 왕이 행사하던 많은 독단적 권한들을 의회로 넘긴 것입니다. 그때까지 왕은 의회의 승인 없이도 얼마든지 마음대로 법을 제정할 수 있었고, 세금도 마음껏 거둘 수 있었고, 상비군도 유지할 수 있었으며, 왕 마음에 들지 않으면 의회는 그냥 개점휴점 상태로 10년이든 20년이든 소집하지 않아도 아무도 뭐라고 하지 못했습니다. 왕의 권한이었으니까요.

하지만 '권리장전'은 앞으로는 의회의 승인 없이는 법을 제정할 수

남편 오렌지공 윌리엄과 함께 아버지를 몰아내고 왕위를 차지한 메리 2세.

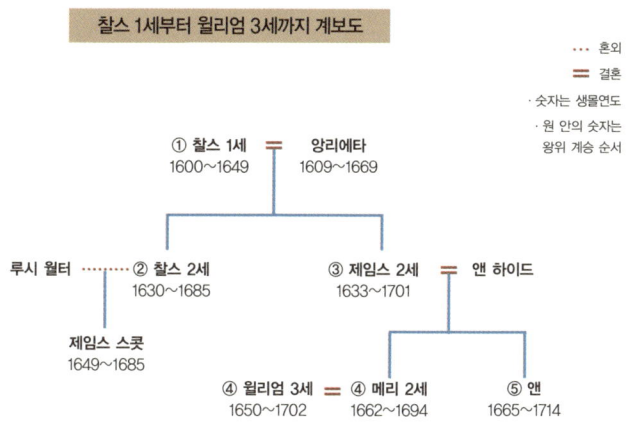

도, 세금을 거둘 수도 없고, 상비군을 유지할 수도 없으며, 의회는 자주 자주 소집해서 토론도 많이 하고 자유롭게 선거도 하고 법 집행도 공정하게 해야 한다는 내용이었죠. 오늘날 우리가 보기에는 너무나 당연한 내용이지만 당시에는 피 터지게 싸워서 쟁취해야 했던 소중한 권리인 것입니다. 이로써 영국 의회는 승리했고 왕의 권한이 의회로 넘어감으로써 왕은 점차 실권을 잃고 상징적인 존재가 되어가기 시작합니다. 영국 역사에서 아주 유명하고도 중요한 말인 "왕은 군림하되, 통치하지 않는다."가 등장한 순간이었죠.

윌리엄 3세와 메리 2세는 생각보다 이 새로운 시스템(?)에 잘 적응하며 영국을 통치했고 두 사람 사이에 자식 없이 죽은 뒤에 제임스 2세의 딸이자 메리 2세의 동생인 앤이 여왕으로 즉위하였습니다. 앤 여왕이 다스리는 시기였던 1707년 스코틀랜드가 잉글랜드로 합병되어 오늘날 우리가 아는 대영제국이 만들어졌습니다. 그 뒤로 영국은 세계 곳곳에서 깃발을 휘날렸고 이는 명목상으로나마 오늘날까지 이어져 내려오고 있습니다.

　사실 앤 여왕은 그렇게 대단한 여장부이거나 리더십이 있는 편은 아니었는데 오히려 그랬기 때문에 영국 의회가 왕의 방해를 받지 않은 채로 토론과 선거를 통해 나라의 발전을 도모할 수 있었습니다. 그로 인해 영국에서는 오늘날까지도 왕과 의회가 공존하며 입헌군주제와 내각책임제를 동시에 시행하고 있답니다.

11. 달콤한 해프닝
- 실수가 낳은 3가지 음식 이야기

누구나 자다가도 벌떡 일어날 만한, 세상에서 제일 좋아하는 음식이 있을 것입니다. 야밤에 엄마 몰래 끓여 먹는 라면일 수도 있고 할머니가 손으로 쭉 찢어 밥수저 위에 올려주신 김치일 수도 있겠지요. 어릴 적 사회 시간에 배웠듯 우리가 살아가는 데 제일 중요한 것은 의, 식, 주이지요. 그중 음식은 워낙 종류가 다양하고 나라, 지역에 따라 유래가 많아 음식의 역사를 살펴보다 보면 밤이 새는 줄 모르고 보게 됩니다. 그래서 이번에는 누군가의 실수(?) 덕분에 지금까지 우리 곁에 존재하게 된 맛있는 음식들의 유래를 3가지 모아보았습니다.

얼음장 같은 추위를 이겨낸 달콤함 – 아이스 와인

우리나라 사람들의 술 섭취량은 세계 2위, 독주 소비량은 OECD 회원국 중 1위라고 합니다. 보통 간 건강에 적신호가 켜졌다며 사용되곤 하는 자료지만 그만큼 술을 사랑하고 즐기는 사람이 많다는 뜻이겠죠. 연말에는 연말이라, 신년에는 신년이라, 월요일은 월요일이라, 수요일은 수요일이라 술을 마시곤 하는데요. 여러분은 주로 어떤 술을 드시나요. 역시 한국인은 소주, 야식엔 치킨에 맥주가 최고라고도 하고, 아니면 샴페인? 칵테일? 와인? 술은 종류도 다양하고 역사도 깊어서 알면 알수록 매력이 있지요. 물론 책임감을 잃어선 안 되겠지만요! 여기서는 많고 많은 술 가운데 아이스 와인을 살펴볼까요.

아주 간단하게 말하자면 와인은 포도를 수확해서 그 즙을 짜내어 발효시킨 것입니다. 즙을 짜내는 과정에서 포도의 껍질과 씨앗을 빼느냐 넣느냐, 어떤 종류의 포도를 사용하느냐, 어느 밭의 어느 기후에서 자란 것이냐 등을 통해 다양한 와인이 등장하게 되지요. 한동안 유행했던 와인에 관한 만화 『신의 물방울』 덕분에 와인을 마시고 감상을 해야 할 것 같은 느낌이지만 아직 내공이 부족한 탓인지, 와인을 마셨을 때 이베리아 반도의 여인이 탱고를 추는지 트위스트를 추는지는 느껴보지 못했습니다. 그래도 와인은 향과 색과 맛을 모두 즐길 수 있는 음료로 신의 음료, 넥타라고도 불리고 요리에도 다양하게 활용됩니다.

와인을 만드는 것을 상상할 때 우린 보통 따스하게 내리쬐는 햇볕과 푸르른 하늘 아래에 탱글탱글하게 익은 포도가 수확되는 것을 떠올리지요. 그러나 이 이야기의 주인공인 아이스 와인은 만들어지는 과정이 조금 다르답니다. 아이스 와인은 1800년대 독일에서 처음 만들어졌습니다. 물론 옛날 옛적 로마에서 이미 아이스 와인을 마셨다는 주장도 있지요. 왠지 세상 모든 것이 다 발명되고 발견됐던 것 같은 로마 시대를

술을 사랑하는 이들이라면 숭배할 '주님', 술의 신 바쿠스.

제외하자면 아이스 와인이 발명 또는 재발명된 것은 19세기에 이르러서였습니다. 어느 동네 농부인지 와인을 만들기 위한 포도를 제때에 수확하지 않고 눈이 내릴 때까지 그저 내버려둔 게으름뱅이가 있었습니다. 또는 일부러 시험 삼아 내버려둔 것이라고 하기도 합니다. 독일의 어디에서 처음 만들어졌느냐를 두고 아웅다웅하기도 하는데요. 주로 라인 강 유역에 있는 헤센이라는 지역의 와인 양조장에서 최초로 만들어졌다고 합니다. 게을렀던 것인지 시험 정신이 투철했던 것인지 모를 일이지만 아무튼 이 농부는 딱딱하게 얼어붙고 말라비틀어진 포도를 따서 일단 와인을 만들어 보았습니다.

말라비틀어진 포도로 만든 와인이 맛있어 봤자 싶겠지만 이렇게 만들여진 와인은 굉장히 달고 새콤하며 풍부한 맛을 가지고 있었습니다. 포도가 얼었다 녹는 과정을 여러 번 되풀이하는 동안에 수분은 빠져 나가고 당분만 남았기 때문이죠. 그렇게 아이스 와인이 세상에 첫선을 보였습니다.

아이스 와인은 포도가 썩거나 떨어지지 않은 상태로 줄기에 달라붙어서 얼어야 하므로 만들기 굉장히 까다로운 와인입니다. 온도가 조금만 높아져도 망치고 말지요. 그래서 19세기에는 한 세기 동안 고작 6번을 만들 수 있었다고 합니다. 이 맛있는 와인을 어쩌다 겨우 먹을까 말까 하다니 말이 안 되는 소리라고 생각한 사람들은 열심히 머리를 굴렸고 오늘날에는 안정적으로 아이스 와인을 생산하고 있답니다. 다만 아이스 와인을 만들 때 심지어 동도 안 튼 새벽에 얼음이 녹기 전에 포도를 한 알 한 알 손으로 따야 하기 때문에 아이스 와인은 다른 와인들보다는 가격이 좀 비싼 편입니다.

그 자체가 아주 달콤한 아이스 와인은 짭조름한 음식과 잘 어울린다고 합니다. 달착지근한 그 맛에 디저트 와인으로 구분되기도 하는 아이스 와인은 이름에 아이스가 들어가긴 하지만 얼려서 먹지는 않습니다. 생김새도 보통 와인과 똑같구요. 그야말로 고진감래, 강추위를 이겨내고 나면 달콤한 맛을 내는 아이스 와인처럼 우리네 삶도 힘든 일을 꿋꿋이 버텨내고 나면 달콤한 행복이 찾아오겠지요.

쿠키가 초콜릿 조각을 만났을 때 – 초콜릿칩 쿠키

오븐에서 갓 구워져 나온 달착지근하고 따끈따끈한 쿠키를 거부할 수 있는 사람은 흔치 않을 것입니다. 차가운 우유에 쿠키를 푹 찍어서 먹으면 그야말로 '여기가 천국이구나!' 싶지요. 대부분의 사람들이 사랑해마지 않는 초콜릿칩이 송송 박힌 달콤한 쿠키는 누가 만들어냈을까요? 이런 달콤한 축복을 선물하신 고마운 분을 알아볼게요.

미국 매사추세츠 주에 웨이크필드라는 부부가 살았습니다. 어느 날, 이 부부는 아주 옛날부터 있던 건물을 사들여서 여관을 열었습니다. 그리고 그곳에서 숙박도 제공하고 루스 웨이크필드 아주머니는 맛난 가정식을 만들어 팔았지요.

워낙 솜씨가 좋았던 루스 아주머니의 가정식은 금방 입소문이 났고 온동네 사람들이 다 한 끼 먹으러 몰려왔습니다. 심지어 당시 매사추세츠 주 상원의원이었던 존 F. 케네디가 먹으러 찾아오던 맛집 중의 맛집이었죠!

그러던 어느 날 루스 아주머니가 초코 쿠키를 구워야 하는데 이런 세상에, 꼭 필요한 주재료인 초콜릿이 똑 떨어진 것이었습니다. '초콜릿칩' 쿠키가 없었던 것일 뿐, 옛날에도 초콜릿 쿠키는 있었답니다. 슈퍼에서 파는 보통 초콜릿과는 다른 제과 제빵용 초콜릿이 따로 있습니다. 덩치가 크고 굵직굵직하지요. 그래서 이를 어쩌나, 고민하던 루스 아주머니는 찬장을 뒤지다 일반적으로 초콜릿, 하면 떠오르는 얇고 판판한 초콜릿을 발견했어요.

루스 웨이크필드 부인이 우리에게 선사한 달달한 초콜릿칩 쿠키.

이제는 명소가 된 루스 아주머니의 톨 하우스 여관.

초콜릿, 하면 떠오르는 네슬레 사의 단맛이 조금 덜한 초콜릿 바였죠. 이걸로는 턱도 없는 양이긴 했지만 다급했던 아주머니는 임기응변으로 초콜릿을 아주 잘게 썰어서 반죽에 넣고 '오븐에 들어가면 알아서 녹겠지?'라고 생각하며 전설이 될 쿠키를 오븐에 넣었습니다. 꺼내고 나니 초콜릿은 하나도 안 녹고 그대로 송송 박혀 있는 게 아닙니까! 분명 '아이고 망했네. 어쩜 좋아!' 싶었을 루스 아주머니는 무심코 하나를 꺼내 잘라 먹어보았는데……. 어머나, 세상에! 쿠키가 글쎄, 너무나도 맛이 있는 것이었습니다!

당연히 여관의 모든 손님들이 쿠키를 먹어보고 난리가 났고 루스 아주머니는 네슬레 사에 연락을 했습니다. 아주머니는 네슬레 사에 이 맛난 초콜릿칩 쿠키 레시피를 제공하는 대가로 평생 동안 쓸 초콜릿을 받기로 합니다. 네슬레 사는 이후 초콜릿칩 쿠키 봉지 뒷면에 루스 아주머니의 레시피를 실었고 이 레시피는 전 세계로 퍼져나가 오늘날처럼 유명해지게 되었지요. 아주머니는 기회를 잡아 요리책도 써냈고 1930년대에 무려 39쇄나 찍으며 불티나게 팔렸다고 합니다. 많은 위대한 발명이 그렇듯이, 루스 아주머니의 순간적인 상황 판단과 적절한 대응으로 우리가 즐겨 먹는 '초콜릿칩 쿠키'가 탄생했답니다.

어린 시절의 추억이 낳은 특허 – 아이스캔디

 우유를 듬뿍 함유하여 부드럽게 녹는 아이스크림과는 달리 주스나 색소와 설탕을 넣은 물을 꽁꽁 얼려 먹는 아이스캔디는 그 나름대로 어린 시절의 즐거움이었습니다. 간혹 집에 직접 만들어먹을 수 있도록 아이스캔디용 얼음통과 막대가 있고는 했지요. 아삭아삭 얼음을 씹어 먹기도 하고 쪽쪽 빨아먹다보면 입 안이 온통 파랗게 노랗게 물들곤 했던 아이스캔디는 생긴 지 생각보다 얼마 되지 않았습니다.

 물론 예로부터 사람들은 한여름이 되면 겨울에 맛보았던 눈과 얼음의 맛을 잊지 못해 여름에도 얼음을 얻기 위해 애를 쓰고는 했습니다. 우리나라의 경우 조선 시대 한양에 얼음을 관리하고 출납을 담당했던 관청과 얼음 보관 창고인 동빙고와 서빙고까지 운영할 정도였죠. 여름에 어렵게 구한 얼음을 통째로 먹기도 하고 갈아서 각종 과일이나 시럽을 얹어 먹기도 했지만 액체에 막대를 꽂아 얼린 후 막대를 들고 얼음을 먹는다는 생각은 아무도 하지 못했습니다.

 그렇다면 1923년, '얼음을 막대에 꽂아먹는' 것으로 특허를 제출한 남자가 어떻게 이 달콤하고 행복한 발명을 했는지 살펴볼까요. 1905년의 어느 추운 날, 미국에 사는 11살 꼬마 프랭크 에퍼슨은 물에 탄산 가

쌍쌍바의 원조 격인 '나눠먹는 팝시클'. 막대에 꽂은 꽁꽁 언 음료! 지금은 당연하지만 당시에는 너무나 획기적인 생각이었다.

루를 풀어서 막대기로 휘젓다가 베란다에 올려두고는 방으로 들어가 버렸습니다. 그리곤 밤새도록 밖에 둔 컵의 존재를 까맣게 잊고 말았죠. 쿨쿨 자고 다음날 아침에 밖으로 나온 꼬마 프랭크는 깜짝 놀랐습니다. 컵 속의 음료가 꽝꽝 얼어붙어 막대기와 얼음이 도무지 떨어지지 않았거든요. 하는 수 없이 들고 먹어본 꼬마 프랭크는 그 편리함과 맛에 반해버렸죠.

단지 재밌는 해프닝으로만 여기고 까맣게 잊어버리고 있던(또는 어릴 때부터 자주 해먹었었다고 하기도 해요) 프랭크는 무려 18년이 지난 후에야 어린 시절의 기억을 떠올리며 새콤달콤한 주스에 막대를 꽂아 얼려서 어떤 행사에 간식으로 내놓았고, 이것은 생각보다 반응이 아주 좋았습니다. 참 독창적이고 재미난 아이디어라는 칭찬을 받은 그는 바로 특허를 내고 회사를 차렸죠.

만든 사람이 에퍼슨이니 이 제품 이름은 에퍼슨에 '고드름(아이시클)'을 붙여 '에프시클'이라고 지어야겠다고 생각했지만 아이도 있는 아빠가 된 꼬마 프랭크의 자녀들이 팝시클이란 이름을 강력히 주장하여 아이스크림을 막대에 꽂아 먹는 제품을 파는 회사의 이름은 팝시클이 되었습니다.

비록 팝시클은 2년 뒤 다른 회사로 넘어갔지만 지금까지도 팝시클이란 이름은 유지되며 수많은 어린이와 어른들에게 맛있는 아이스캔디를 제공하고 있답니다. 11살짜리 꼬마가 겨울 밤에 컵을 깜빡하고 밖에 놓아두는 바람에 전 세계 어린이들이 사랑해마지않는 아이스캔디가 생겼다는 이야기는 증거가 부족하다는 비판도 있지만 사실 그날 밤과 다음 날 아침에 무슨 일이 있었는지는 CCTV라도 달아놓지 않은 이상 본인밖에는 모를 일이겠지요.

참, 아이스크림 2개가 꼭 붙어 있어 제대로 나누지 못하면 싸움 나곤 하는 쌍쌍바는 실은 모두가 경제적으로 어려웠던 대공황 시절에 등장한 제품입니다. 텅 빈 지갑에 있는 몇 푼 안 되는 돈으로 아이스크림 하나를 사서 두 사람이 행복할 수 있는 기발한 발명이었죠.

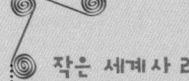
작은 세계사 2

맥주, 수도승의 은밀한 고행

맥주는 단순해 보이지만 수도 없이 많은 브랜드를 가진 전 세계적으로 인기가 많은 주류이지요. 이번 이야기는 역사라기보단 전설로 내려오는 것입니다.

수도승들과 교황의 이야기니 성경 속의 내용으로부터 시작됩니다. 교회 좀 다녔던 사람이라면 다들 아는 내용일 수 있지만 그리스도교에 관심이 없는 사람이라면 모를 수 있는 내용이니 잠시 설명하고 지나가도록 하겠습니다. 성경에 보면 인류를 구원하기 위해 세상에 내려온 신의 아들, 예수 그리스도가 있습니다. 이 정도는 다들 아시지요. 이분 덕분에 우리가 크리스마스 때 산타 할아버지한테 선물도 받고 그랬던 거죠.

예수의 열두 제자는 유명한데요. 이 제자들을 모으기 전 예수와 사탄의 만남이 있습니다. 이 만남은 40일 동안 지속되었는데 이때 사탄은 예수를 자기 편으로 만들기 위해 3가지 시험을 하는데요. 예수는 이 40일 동안 금식을 했다고 합니다. 그러한 고난과 역경을 이겨낸 이 40일을 기려 사순절로 칭하고 있답니다. 매년 돌아오는 여러 기념일 중 사순절은 재를 이마에 바르고 자신이 저지른 죄를 생각하며 후회하고 뉘우치는 '재의 수요일' 이후부터 예수의 부활을 기리는 부활절 사이에 있습니다. 일반적으로 부활절은 그리스도교의 거의 모든 종파에서 기리지만 재의 수요일이나 사순절은 기리지 않는 경우들이 있는데, 자세한 이야기는 생략하고 이번 주제인 맥주 이야기로 들어가 봅시다.

사순절 기간 동안의 금식은 고난의 40일과 함께 십자가를 지고 언덕에 올라 십자가에 못 박혀 죽음에 이르기까지 그리스도의 고통을 기리는 것으로 초기 교회부터 성직자들은 금식을 하게 되었습니다. 물론 신도들도 금식하는 경우들이 많았지만 매일 일을 해야 하는 일반인들이 성직자들처럼 고되게 할 수는 없었지요. 생으로 40일을 쫄쫄 굶을 수는 없었기 때문에 하루 한 끼 정도는 생선과 달

아무래도 몰래 술을 마시고 있는 듯한 수도승의 모습이 유쾌하다.

걀만 먹거나 물과 빵 등 아주 간단한 식사는 허용하기도 하고 맥주만 마시면서 40일을 금식하기도 하였습니다. 맥주가 드디어 등장했네요!

최초로 알코올 도수가 높은 맥주를 사순절에 마시기 시작한 것은 1627년에 이탈리아에서 뮌헨으로 건너온 파울라너 수도승들이었습니다. '어찌 수도승들이 술을!?' 이라고 생각하는 독자를 위해 잠시 수도승들의 편을 들어주자면 당시의 물은 전혀, 그야말로 전혀 깨끗하지 않았고 물을 마셨다간 기생충이 바글바글한 배를 끌어안고 뒹굴다가 급사할 가능성이 매우 컸습니다. 그래서 많은 사람들이 물 대신 와인이나 맥주를 마시고 살았지요.

수도승들은 자신들의 식수로 맥주를 만들기 시작했는데 품질이 매우 좋아 쓴맛도 없고 아주 맛있었다고 해요. 여러 종류의 맥주를 제조했는데 그중 도펠보크(doppelbock)라고 불리는 맥주는 알코올 도수가 7~13% 정도로, 아주 쓰다고 합니다. 그들은 이 맥주들을 '축복받은 아버지의 맥주(blessed father's beer)', '성 프란시스의 성스러운 기름(holy oil of St. Francis)' 등으로 부르다가 라틴어로 '구세자'

라는 뜻인 '살바토르(Salvator)' 라고 줄여 부르기 시작했습니다. 지금도 이를 기리기 위해 이 주변에서 생산되는 독한 맥주들은 '~토르'라는 식의 이름을 사용하고 있답니다. 당시에는 액체가 몸뿐만 아니라 영혼까지 깨끗하게 해준다고 생각했기 때문에 사순절 기간 동안 단단한 음식을 먹어서는 안 된다고 생각한 수도승들은 대신 맥주를 마시기 시작했습니다. 그런데 한 모금 마셔보니…… 이럴 수가, 너무 맛

눈을 감고 맥주를 음미하는 수도승의 얼굴에서 행복이 느껴진다.

이 있는 거에요! 분명히 음식을 못 먹으며 고난의 행군을 해야 하는 시기인데 맥주가 혀에 착착 감기고 목구멍으로 술술 넘어가버려요! 안주가 없는 것이 약간 아쉽긴 하지만 맥주가 너무 맛있으니 신이 나서 마시던 수도승들은 가만히 생각을 해보게 되었습니다. '분명히 예수님께서 고난을 겪으시며 금식하시고 십자가에 못 박혀 돌아가신 그런 것들과 함께 한다는 의미인데 너무 즐기는 것이 아닌가?' 싶었던 것이죠.

여기부터는 유명한 전설인데요. 그래서 어느 날 수도승들은 아무래도 양심에 찔려 안 되겠다 싶었는지 맥주를 한 통 싸들고 독일의 뮌헨에서 교황이 있는 이탈리아로 길을 떠났습니다. 교황이 먹어보고 '괜찮다' 또는 '이런 맛난 것을 먹다니, 못난 놈들!' 이라고 하든, 아무튼 결정을 내려줄테니 말이죠. 하지만 '정말 맛

있으니까 틀림없이 가면 욕을 먹겠지? 하며 우울한 마음으로 길을 갔을 수도승들에게는 너무나 다행스럽게도 당시 여행은 매우 느렸고 산 넘고 물 건너가는 동안에 맥주통은 이리 뒹굴고 저리 뒹굴고 낮에는 이탈리아의 뜨거운 태양을 듬뿍 받아 뜨끈뜨끈해졌다가 밤에는 또 식었다가 하는 동안에 아주 시큼하고 이상한 맛으로 변해버렸습니다.

다 같이 모여 맥주를 마시며 담소를 나누는 때는 일상의 소소한 행복이었을 것이다.

　결국 교황청에 도착해 교황이 '이것이 그 유명하다는 파울라너 맥주냐' 하며 한 입 먹어보았을 때는 당연히 역겨울 지경이었죠. 그 맛에 교황이 감탄하며 '이토록 맛이 없는 것을 먹으면서도 스스로 사치하는 것이 아닌지, 너무 편안한 삶을 사는 것이 아닌지 걱정하다니 참으로 훌륭하도다!! 앞으로도 정진하도록 하라!!' 라고 말했다는 전설입니다. 덕분에 수도승들은 마음을 푹 놓고 신나게 맥주를 생산했고 지금까지도 파울라너 맥주는 그 맛과 풍부한 거품으로 유명하다는 이야기입니다. 오늘날 생산되는 맥주도 과거 수도승들이 만들었던 것처럼 쓴맛이 약하고 달달한 향이 올라오며 숙성이 아주 잘 되었기 때문에 색은 약간 탁한 편이라고 합니다. 도수가 좀 있어서 잠자기 전에 마시거나 좀 추울 때 먹으면 몸이 따뜻해진다고 해요.

12. 추운 나라의 신데렐라
– 허드렛일 하녀에서 러시아 최초의 여제가 된 예카테리나 1세

예카테리나라는 이름을 들으면 대부분의 사람들은 러시아의 유명한 여제 예카테리나 2세(1729~1796, 재위 1762~1796)를 떠올립니다. 하지만 2세가 있다는 것은 1세도 있었다는 말이겠죠? 그럼 표트르 대제의 연인이자 여제의 어머니이자 황제의 할머니였던, 하지만 시작은 그야말로 시궁창이었던 예카테리나 1세(1684~1727, 재위 1725~1727)는 어떤 사람이었을지 알아볼까요.

프랑스의 유명한 철학자이자 우리가 누군가를 이야기할 때 빠지는 일이 없는 볼테르가 "표트르 대제만큼이나 비범한 삶을 산 여인"이라고 평가했던 예카테리나 1세는 1684년에 소작농의 딸로 태어났습니다. 아니, 사실 부모님이 소작농이 아니라 도망친 농노라는 얘기도 있고 수리공이었다거나 무덤 파는 사람이었다는 설도 있고 공무원이었다는 설도 있지만, 한 가지 확실한 것은 그녀가 결코 높은 신분은 아니었다는

것입니다. 심지어 리투아니아인인지 스웨덴인인지도 불확실하지만 어찌되었든 부모님의 어여쁜 딸로 태어난 아이는 마르타라고 불렸죠. 전염병으로 부모님을 모두 잃은 마르타는 루터파 목사인 요한 글릭에게 맡겨졌습니다.

글릭 목사는 최초로 성경을 리투아니아어로 번역을 하기도 한 엄청난 지성인이었지만 정작 어린 마르타에게는 집안일 빼고는 아무것도 가르쳐주지 않아 마르타는 평생 읽고 쓸 줄 모르는 까막눈으로 살았습니다. 마치 신데렐라처럼 마르타는 목사의 집에서 요리며 빨래며 청소 같은 허드렛일을 하면서 아주 아름답게 자라났지요. 너무 아름다워서 자신의 아들에게 악영향을 미칠까 걱정한 글릭 부인이 17살 난 마르타를 스웨덴 군대에서 트럼펫을 연주하는 군악대원에게 시집보내 버릴 정도였죠.

하지만 다행스럽게도(?) 결혼 생활은 고작 1주일 정도만 지속되었고 대북방 전쟁 와중이었기 때문에 마르타가 살던 동네는 러시아인들에게 점령당합니다. 대북방 전쟁이란 1700~1721년에 발트 해의 지배권을 놓고 러시아의 표트르 대제와 덴마크, 폴란드, 프로이센 및 하노버 왕조가 손잡고 스웨덴의 칼 12세와 싸운 전쟁인데요. 러시아가 승리를 거두어 발트 해 동남안을 차지하고 서방 진출의 발판을 마련했지요. 아무튼 이 대북방 전쟁에서 포로로 잡힌 마르타는 예쁜 여자 하녀를 바쳐 상사에게 잘 보이고 싶어 하는 군인들에 의해 상관에게서 상관에게로 보내지며 결국 러시아 육군 원수인 보리스 세레메테프의 집에서 하녀로 일하게 되죠. 말이 하녀지, 사실 첩이나 마찬가지였습니다. 그 후 주인이 바뀌어 대공인 알렉산드르 멘시코프의 집에 가게 되었지만 거기서도 신분은 역시나 하녀였지요. 3살 때부터 꾸준히 허드렛일만 하다 보니 '내 팔자가 그야말로 하녀 팔자인가 보다' 하던 와중에 대공의 아주 친한 친구가 찾아옵니다. 때는 1703년. 찾아온 남자는 콧수염을 멋지게 기른, 2미터가 넘는 장신의 호남이었습니다. 그의 이름은 표트르 알렉세예비치 로마노프. 러시아 제국의 유일무이한 황제 표트르 대제(1672~1725, 재위 1682~1725)였죠.

그렇다면 "표트르는 러시아인들에게 몸을 주었고 예카테리나 2세는 영혼을 주었다."^{주13}라는 평가를 받는 이 유명한 표트르 대제도 짚고 넘어가야겠지요. 신데렐라 마냥 재투성이가 되어 죽도록 허드렛일만 하고 있는 마르타 이야기는 잠시 접어두고 표트르 이야기를 하자면, 표트르는 황제 알렉세이 미하일로비치의 막내 아들로 태어났습니다. 황제 알렉세이의 첫 번째 부인은 무려 13명의 아이를 낳았는데 13번째 아이를 낳다 죽었습니다. 그래서 황제는 두 번째 결혼을 해야 했죠. 두 번째 부인이 낳은 첫째이자 황제에게 있어서는 막내 아들이 표트르입니다. 아이 낳다 죽은 첫 번째 부인의 아들 중 대부분은 안타깝게도 어린 나이에 죽었고 황제가 숨을 거둘 때 남아 있던 아들은 첫 번째 부인에게서 낳은 표도르와 이반, 그리고 둘째 부인에게서 낳은 표트르, 이렇게 셋뿐이었습니다. 표도르와 표트르! 헷갈리시면 아니 되오!

황제의 자리는 문제없이 남아 있는 아들 중 가장 나이가 많은 14살 소년 표도르에게 돌아가서 그는 표도르 3세가 되지만, 몸이 아주 약했던 표도르 3세 대신에 셋째 누나인 소피야와 외척들이 국정을 마음대로 주물렀습니다. 결국 표도르 3세는 6년여 만에 세상을 떠났고 이제 왕좌는 다음 순위인 이반에게로 가는 것이 옳은 수순이었습니다. 옳은 수순이

키가 무척 컸다는 표트르 대제의 젊은 시절. 광활한 러시아를 다스리는 기개가 느껴지는 듯하다.

기는 한데 몸이 약한 왕은 어째 영 민
음직하지가 못합니다.

 게다가 이반은 그야말로 '종합 병
동'이었는데, 몸이 약한 것은 기본이
고 지적 장애에다 언어 장애와 시각
장애까지 있었습니다. 그래서 귀족
들은 그러지 말고 튼튼해 보이는 막
내아들인 10살짜리 표트르를 황제로
추대하자고 주장하기 시작했습니다.
어린 표트르 대신 표트르의 어머니
가 섭정을 하면 되겠다고 했지만 소

표트르 대제의 꼬꼬마 시절. 황제의 옷을 입
었지만 나가 놀고 싶어하는 표정이다.

피야와 외척들은 권력의 끈을 순순히 놓아줄 생각이 전혀 없었습니다.
물론 이는 전통과 법에 어긋나는 일이었기에 싸울 명분은 충분했고 그
들은 모스크바 친위대(스트렐치)를 불러들였습니다. 언제나 싸움에는 명
분이 가장 중요한 법이니까요.

 표트르의 어머니는 표트르가 황제가 되는 것에 반대하며 반란을 일
으킨 23,000명의 스트렐치 앞에 어린 표트르와 이반을 데리고 나와 반
란을 멈추도록 설득하려 했지만 소피야의 편인 그들은 꿈쩍도 하지 않
았습니다. 표트르 어머니의 수양아버지를 포함한 13명이 10살 난 꼬맹
이 표트르의 눈앞에서 갈가리 찢겨 죽고 나서야 소피야가 나서서 해결
책을 제안했습니다. 그것은 바로 이반과 표트르에게 공동으로 통치를
시키자는 것이었습니다. 그렇게 어린 이반과 표트르가 공동 황제를 하
고 누나인 소피야가 섭정을 맡게 되었죠.

네덜란드에서 조선술을 배우고 있는 표트르 1세. 이 그림에서 표트르 1세는 멋들어진 옷을 입은 신사가 아니라 왼쪽에 톱을 들고 소매를 걷어올린 청년이다. 최대한 현장에 뛰어들고자 했음이 느껴진다. 신사는 영국의 왕이자 앞서 이야기 했던 무혈혁명의 윌리엄 3세.

그날의 일은 어린 표트르에게 큰 충격으로 남았고 표트르는 평생 동안 남의 고통에 대해 공감 능력이 떨어지는 모습을 보입니다. 같은 어머니에서 태어났기 때문인지 소피야는 친동생인 이반을 아꼈고 사실상의 권력은 소피야에게 있었기 때문에 표트르의 어머니는 표트르를 데리고 궁을 나가서 지냈습니다.

'맹모삼천지교'라고, 자라나는 환경이 아이들에게 얼마나 큰 영향을 미치는지는 우리 모두 잘 알고 있지요. 빨빨거리며 돌아다니기를 좋아했던 소년 표트르는 근처의 독일인 마을로 자주 놀러가서 서유럽에서 온 사람들과 어울렸습니다. 총명한 소년 황제는 그들에게서 항해법, 산수, 축성학, 기하학, 전술 등을 배우고 여러 공부를 게을리하지 않았습니다. 배움에서 즐거움을 느꼈기 때문에 자신이 궁금한 분야는 독학을 해서라도 호기심을 채우려 했답니다. 요즘이야 러시아 하면 미국, 중국과 더불어 결코 무시할 수 없는 최강대국이지만 19세기 이전까지 러시아는 힘도 약하고 몽골의 지배를 받는 등 지금으로서는 상상할 수 없는 모습이었습니다. 그렇게 어린 황제는 서유럽의 선진 문물에 눈을 떴고 큰 관심을 가지게 되었죠.

맨날 공부만 할 수는 없으니 놀 때는 놀았는데 요새도 짓고 전쟁놀이도 했습니다. 그런데 이 전쟁놀이라는 것이 보통 아이들처럼 가짜 칼을 들고 '이얍, 내 칼을 받아랏!' 하는 수준이 아니라 살아 있는 소년병들을 상대로 진짜 총을 쏘아대는, 성인이 한다 해도 엽기적인데 11살짜리 아이가 하기에는 그야말로 충격적인 놀이였지요. 하지만 몇 년에 걸쳐 진짜 총으로 전쟁놀이를 벌이면서 표트르는 600여 명의 병사를 거느린 군대까지 조직합니다.

그렇게 평화로운(?) 나날을 보내던 표트르에게 1689년에 놀라운 소식이 전해졌습니다. 소피야가 표트르를 상대로 쿠데타를 일으키려고 한다는 것이었습니다. 하지만 쿠데타는 생각보다 쉽게 진압되었고 체포된 소피야를 표트르는 그래도 누나라고 관용을 베풀어 죽이지는 않고 수녀원으로 보냈습니다.

그렇게 공동 통치 시대는 종말을 고하고 17살 소년 표트르는 표트르 1세로서 러시아의 유일무이한 황제가 되었고 그해에 결혼도 했습니다. 이름도 어려운 예브도키아 로푸히나라는 아가씨와의 결혼이 남의 고통에 동정심은커녕 즐거움을 느끼고 하인을 잔인하게 채찍질하고 귀족 아가씨들에게 억지로 보드카를 마시게 하던 표트르의 품성을 바꾸었을까요? 결혼하면 바뀌지 않을까 하는 사람들의 기대는 『스캔들 세계사』 2권에 나온 덴마크의 왕 크리스티안 7세 앞에서 물거품처럼 사라졌듯

수녀원에 갇힌 소피야.

표트르 역시 결혼한 다음 해에 황태자 알렉세이(1690~1718)까지 낳았지만 전혀 품성이 변하지 않았습니다.

황제가 되었지만 약 7년 동안 어머니에게 정사를 맡긴 표트르는 1696년까지 자신의 여러 관심사를 살피고 공부에 힘을 썼고 발전한 서유럽 국가들처럼 개혁하는 데에 많은 관심을 가지고 있었습니다. 러시아의 황제가 된 표트르는 무려 15개월 동안 전 유럽을 돌아다니며 선진 문물을 직접 익히고 러시아에 그것을 도입하기 위해 애를 썼습니다. 각계각층에서 750여 명의 전문가들을 섭외하고 황제라는 신분을 숨기고 몸소 현장에 뛰어들어 실습하고 질문을 던지기도 했으며(물론 속은 사람은 아무도 없었지만 황제에게 '폐하, 가명 써봤자 속는 사람은 아무도 없사옵니다'라고 솔직하게 말할 용기가 있는 사람도 없었답니다) 오로지 배워야 한다는 생각에 사로잡혀 있었습니다.

그런데 이때! 수녀원에 들어간 우리 누나 소피야가 또 말썽을 부리려 한다는 반갑지 않은 소문이 들려왔고 표트르는 러시아로 돌아갈 수밖에 없었죠. 가서 보니 예전에 소피야의 편에 서서 반기를 들었던 스트렐치가 다시 한 번 말썽을 부리고 있는 것이었습니다. 예전에는 어린 소년이라 어머니 치맛자락 뒤에 숨을 수밖에 없었지만 이제는 누구도 감히 얕볼 수 없는 러시아의 황제. 표트르는 '너희들 마침 잘 걸렸다'는 듯이 무려 1,182명을 처형했고 601명을 유배 보내는 등 러시아를 공포 속으로 몰아넣었습니다. 그 공포를 사람들이 결코 잊을 수 없도록 반란자들의 시신을 겨울 내내 모스크바 거리에서 치우지도 않았죠. 전하는 이야기로는 이들 중 몇 명의 시신을 소피야가 감금된 수녀원 창문 밖에 걸어두어 소피야가 매일 흔들리는 시신을 보며 표트르가 보내는 경고

외국식 전통복 차림의 표트르 1세.

를 되새기도록 했다고 합니다. 이 사건은 1698년에 친위대인 스트렐치에 의해 일어났으므로 '1698 스트렐치의 난'이라고 한답니다.

그동안 많은 것을 배운 표트르는 이제 개혁을 시작할 때라 생각하며 동양의 영향을 받아 수염을 자르지 않으며 동양풍의 옷을 입고 다니던 신하들을 불러 치렁치렁한 수염과 옷소매를 모두 잘라버렸습니다. 수염은 신이 주신 것이라 믿었던 사람들에게 표트르가 내린 '농민과 성직자만 빼고 모조리 수염을 밀어라!'는 명령은 가히 충격적인 것이었습니다. 러시아의 유명한 황제인 이반 4세는 "턱수염을 깎는다는 것은 모든 순교자들의 피로써도 씻을 수 없는 죄이며, 하느님이 창조한 인간의 상을 훼손시키는 행위"[주14]라고 했고 심지어 성직자들은 수염이 없는 남자에겐 축복을 하는 것도 거부할 지경이었으니까요.

> 1705년 두 젊은이가 로스토프 시의 대주교를 알현하여 조언을 구했다. "대주교님 우리는 머리가 잘릴지언정 수염을 깎을 수는 없습니다!" 이 고위성직자는 이 불평에 대해 수사적인 질문으로 응수했다. "사랑하는 형제들이여, 둘 중 어느 것이 더 빨리 자라게 해달라고 기도해 드리면 좋겠소?"[주15]

사람들은 모두 거세게 저항했지만 표트르는 스스로 수염을 잘랐고 결국 타협안으로 '수염을 기르고 싶으면 세금을 내라!' 하여 수염세까지 걷었습니다. 자신이 좋다고 생각하는 것은 남이 좋다고 하든 말든 무작정 밀어붙였던 표트르 덕에 러시아의 귀족들은 수염을 밀고 프랑스어를 배우고 서유럽풍의 옷을 입게 되었지요. 그와 더불어 늘 은은한 향

서유럽 문물을 받아들여 개혁을 실시한 표트르 1세는 모든 남자들의 수염을 자르라는 명령을 내렸고 이에 반발하는 백성들에게 수염세를 거둬 국고를 채웠다.

의 차를 마시던 사람들에게 커피를 마시라고 강요하고 혼자서 담배 피우는 것이 지겹다며 귀족들의 모임에서는 모두 담배를 피울 것을 명했습니다. 또한 당시에는 너도 나도 만들 수 있었던 러시아 보드카를 표트르는 나라에서만 만들 수 있다고 공표하였고 추운 러시아에서 보드카가 주는 여유를 포기할 수 없었던 사람들 덕분에 러시아 정부는 돈을 자루에 쓸어 담을 수 있었습니다. 그렇게 표트르는 전쟁에 필요한 돈을 착착 모았지요.

표트르 1세가 돈을 모으는 동안 쓰디쓴 커피에 사람들은 질색을 했고 담배 연기에 한없이 기침을 해댔지만 어느덧 다들 커피에 익숙해졌고 보드카는 삶의 즐거움이 되었죠. 그렇게 담배와 보드카는 300여 년이 지난 오늘날까지도 러시아 국민 건강에 있어 정부의 골칫거리로 남아 있습니다. 2004년 기준으로 러시아 성인 남성의 70%, 성인 여성의 30%,

십대 청소년의 50%가 흡연자이며 무려 200만 명의 알코올 중독자가 있습니다. 피와 전쟁, 권력의 맛을 즐겼던 표트르 1세가 홀로 통치한 36년 동안 평화로운 시기가 쭉 이어진 것은 단 1년뿐이었고 부분적으로 평화로웠던 시간을 다 합쳐도 13개월밖에 되지 않으니 얼마나 치고받고 싸웠는지 알 만합니다. 그렇게 표트르가 벌였던 전쟁 중 하나가 바로 스웨덴으로 치고 들어갔던 대북방 전쟁입니다. 앞에서 대북방 전쟁 얘기 했던 것, 기억하시나요?

그럼 대북방 전쟁으로 쳐들어온 러시아인들의 포로가 된 뒤 황제를 만나게 된 운 좋은(?) 하녀 마르타 이야기로 돌아가 봅시다. 1703년, 표트르가 러시아의 수도를 상트페테르부르크로 옮긴 그해는 마르타가 19살, 표트르는 31살이었던 때입니다. 요즘 눈으로 보면 도둑 같은 황제네요. 황제와 하녀든, 돌쇠와 마님이든, 아무튼 남녀가 눈이 맞았으니 두 사람은 곧 알콩달콩 한 쌍의 연인이 되었습니다.

물론 마르타는 표트르의 첫 번째 여자 친구는 아니었습니다. 이름 어려운 본처인 예브도키아는 급진적이고 개혁을 꿈꾸는 표트르와 달리 전통적인 가치관을 지키는 여자였기에 정말 궁합이 잘 맞지 않았습니다. 결국 표트르는 와인 상인의 딸인 안나 몬스와 연애를 시작하면서 예브도키아를 수녀원에 처박아버렸죠.

겨우 29살이었던 예브도키아는 사회적으로 생매장당하는 것이나 다름없는 수녀원에 가지 않으려 발버둥을 쳤지만 그녀의 간청은 묵살되었고 예브도키아야말로 진정한 국모라고 두둔한 사람들은 혀가 잘리고 시베리아로 보내졌습니다. 표트르는 안나 몬스와의 행복한 삶을 꿈꿨지만 안나 몬스가 원한 삶은 권력이나 높은 지위가 아니라 평범하고 소박한 삶이었기에 두 사람은 결국 헤어집니다. 그러던 와중에 표트르가 우연히 만난 여인이 바로 마르타였지요.

마르타는 물불 가릴 상황이 아니었습니다. 예브도키아처럼 서로 자라온 환경이 다르다며 황제를 거부할 처지가 아니었겠지요. 표트르와 만난 지 2년쯤 지났을 때 마르타는 러시아 정교로 개종했고 그때부터 예카테리나라고 불리기 시작했습니다.

표트르의 첫 번째 여자 친구, 안나 몬스.

표트르는 1703년 수도를 상트페테르부르크로 옮기면서 그곳에서 예카테리나와 함께 살았고 1705년에는 예카테리나의 몸에서 태어난 아이들이 자신의 아이임을 보증하였으며 두 사람은 1707년에 비밀리에 결혼했습니다. 둘 사이에 태어난 12명의 아이들은 대부분 일찍 사망했지만 표트르는 예카테리나가 예뻐서 어쩔 줄을 몰랐습니다. 조금만 떨어져 있어도 소소한 선물을 보내거나 오늘 하루가 어땠는지 쪽지를 적어 보내고는 했죠. 1712년 이미 둘 사이에 아이가 다섯이나 있었던 두 사람은 공식적으로 결혼했고, 그렇게 소작농의 딸 마르타는 러시아 황후 예카테리나가 되었습니다. 결혼할 때 표트르는 예카테리나에게 "이 결혼은 매우 생산적이야. 결혼한 지 이제 3시간이 지났을 뿐인데 벌써 자식이 5명이나 되잖아?"[주16]라는 농담을 던졌다고 합니다.

나이든 표트르 1세.

 시간이 흐를수록 나이가 들어가는 표트르에 대한 예카테리나의 영향력은 놀라웠습니다. 신하들이 자기 말을 듣지 않으면 채찍질을 해대는 표트르였지만 예카테리나의 목소리만 들으면 바로 잠잠해졌죠. 늙어가는 자신의 나이를 한탄하는 표트르에게 예카테리나는 다정했고 결국 예카테리나는 1724년, 단순히 황제의 부인이 아닌 러시아의 공동 통치자로 대관식을 올리게 됩니다. 그야말로 엄청난 신분 상승이었죠. 신데렐라도 이런 신데렐라가 없습니다. 권력자의 여자가 아니라 권력자 자체가 된 것이니까요.

 젊고 아름다운 부인이 원하는 것이라면 다 들어주던 표트르였지만

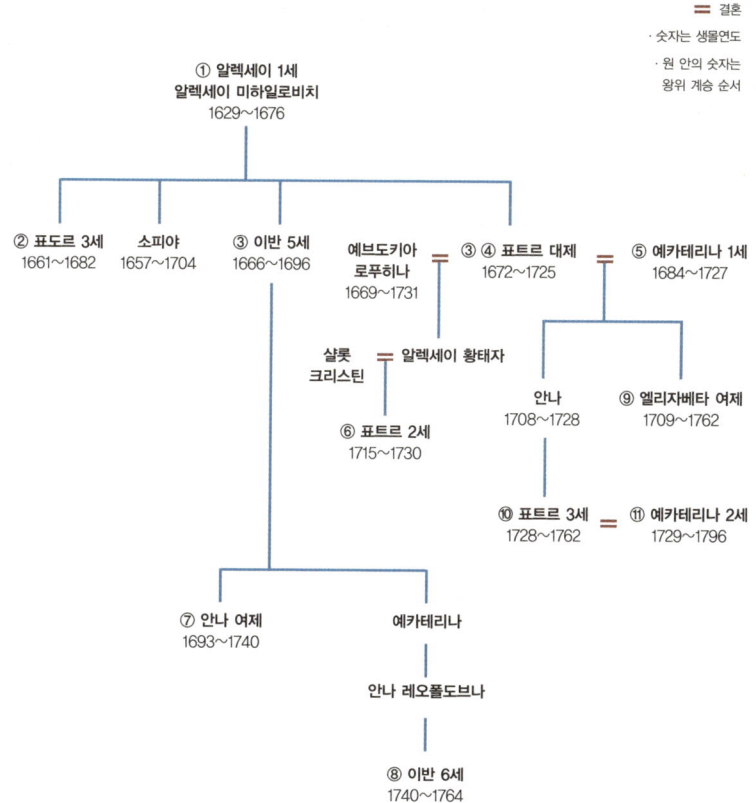

딱 한 번 그녀와 크게 사이가 틀어진 적이 있었으니, 바로 윌엠 몬스 사건이었습니다. 표트르의 첫 번째 여자 친구였던 안나 몬스의 형제인 윌엠은 예카테리나의 서기관이었는데, 아무래도 예카테리나가 바람이 나고 만 모양입니다. 윌엠은 예카테리나의 신뢰와 총애를 바탕으로 자신의 영향력을 이용해 돈을 벌었고 그 소문은 표트르 1세의 귀에까지 들

185

러시아의 신데렐라 예카테리나 1세. 젊은 시절 그렇게도 예뻤다던 그녀는 노예에서 여제로, 엄청난 신분 상승을 이루어냈다.

어갔지만 처음에는 그저 예카테리나가 조금 아끼는 신하가 주제를 모르고 날뛰는 줄 알았습니다. 하지만 곧 자신이 사랑하는 예카테리나가 불륜을 저지르고 있다는 것을, 그리고 자신만 빼고 모든 사람이 그걸 알고 있었다는 것을 깨달은 표트르는 당장 윌엠 몬스를 체포하라 소리 질렀습니다.

아주 잘생기고 나긋나긋하며 예의도 발라 인기가 하늘을 찔렀다던 윌엠 몬스였지만 분노에 찬 황제의 눈앞에서는 맥도 못 추었고, 결국 윌엠 몬스는 며칠 뒤 처형당했습니다. 질투와 배신감에 몸을 떨던 표트르가 윌엠 몬스의 머리를 잘라 예카테리나 눈앞에 들이댔다거나 유리병에 담아 주었다는 얘기도 전해오지만, 어쨌거나 주변 사람들이 불륜에 가담한 죄로 수없이 죽어나갈 때 정작 불륜 당사자인 예카테리나는 머리카락 한 올 다치지 않았습니다. 표트르는 그저 거울을 깨뜨리고 창문을 때려 부수고 고래고래 소리를 질렀을 뿐이었죠.

사실 예카테리나와 윌엠이 바람을 피웠다는 확실한 증거는 부족하지만 표트르가 직접 신문하고 보통 몇 년은 넘게 걸리는 재판을 며칠 만에 끝내버리고는 잔인하게 처형해버린 점, 표트르가 예카테리나와 둘이 있을 때는 분노를 쏟아냈지만 공식 석상에서는 최대한 기분 좋은 척을 했다는 점 등을 들어 아무래도 바람을 피운 것 아니겠냐고 짐작되고 있습니다.

그렇게 윌엠 몬스가 죽은 지 얼마 되지 않아 표트르에게도 죽음의 그림자가 드리워지고 있었습니다. 워낙 술을 즐겼던 탓에 요로 감염과 결석으로 일찍이 소변을 보기 힘들어 했었는데 노년에도 결국 방광이 다시 한 번 고통을 주고 있었습니다. 남겨둔 유언장이 없어 다들 초조한

표트르 1세의 죽음.

마음으로 지켜보는 가운데 표트르는 새벽에 결국 눈을 감았습니다. 예카테리나는 그의 곁을 거의 떠나지 않으며 눈물로 지샜다고 합니다. 하지만 그건 그거고 권력은 권력이니 표트르가 죽고 난 직후 예카테리나와 그녀를 따르는 사람들은 황제의 죽음을 앞두고 궁전에 모인 귀족들 앞에서 표트르 1세의 죽음을 알리고 잽싸게 황제 자리를 차지하였습니다. 그렇게 예카테리나는 예카테리나 1세(1684~1727, 재위 1725~1727)로 러시아 최초의 여자 황제가 되었습니다.

이처럼 예카테리나 1세가 여제의 길을 열어젖히면서 이후 약 한 세기 동안 러시아 역사는 '여인천하'라 불러도 손색이 없을 정도로 여성의 손에 다스려지게 됩니다. 예카테리나 1세와 표트르 대제의 딸인 엘리자베타(1709~1762, 재위 1741~1761)부터 예카테리나 1세에게 있어 손자며느리이자 그 유명한 예카테리나 2세(1729~1796, 재위 1762~1796) 여제에 이르기까지 말이죠.

예카테리나 1세가 러시아를 다스린 기간은 고작 2년여 밖에 되지 않아 기억할 만한 사건은 별로 없지만 끊임없이 전쟁을 벌였던 남편 표트르 1세와는 달리 평화를 유지시키고 군대에 들어가는 세금을 줄여 백성들의 부담을 줄여주었습니다. 그러나 많은 경우 주변 사람들이 예카테리나 1세를 통해 권력을 주물럭거렸죠. 참, 러시아를 가면 꼭 들러볼 만한 곳으로 손꼽히는 예카테리나 궁은 예카테리나 1세의 이름을 딴 곳으로, 『스캔들 세계사』 1권에서 키 큰 군인들을 좋아했던 프리드리히 빌헬름 1세가 선물한 호박방이 놓여 있던 곳이랍니다.

전쟁 노예에서 러시아를 다스리는 여제가 된 이야기는 그야말로 역사 속 신데렐라 성공기라고 할 수 있습니다. 물론 예쁜 유리 구두 한 짝 살포시 떨어뜨리고 달리기만 잘하면 되었던 동화 속 신데렐라와는 달리 노예도 됐다가 잘린 목도 몇 백 개쯤 구경하고 백마 탄 왕자님이 상당히 난폭해서 거울도 깨고 물건도 던지고 사람도 죽이고 하긴 하지만 말이죠.

13. 로코코의 여왕
- '왕의 여자'로 운명지어진 마담 퐁파두르 이야기

"(당대) 남성 평론가의 눈에 마담 퐁파두르는 '지적이면서 우아'하고 '존경받을 만큼 고귀'하며 '사람을 홀리는 달콤한 매력'이 있었으며 (그들은) 퐁파두르의 여성스러운 매력과 지적인 능력에 경의를 표했다." [주17]

장인의 손길로 섬세하게 빚어낸 도자기처럼 희고 고운 살결, 심연을 꿰뚫는 듯한 깊은 청록색 눈동자, 비너스 상보다 아름다운 몸매를 가진 미녀, 뛰어난 배우이자 스타일리스트인 동시에 외교관이자 학자들의 후원자 겸 예술 사업가로 정열적인 삶을 살아 자신의 이름을 영원히 역사에 새긴 마담 퐁파두르(1721~1764). 그녀의 삶을 이야기할게요.

먼 옛날, 프랑스에 갈색 머리에 눈부시게 하얀 피부를 가진 루이즈 마들렌이라는 여자가 살았습니다. 파리에서 가장 아름답다는 칭송을 듣

미모와 지혜로 왕의 마음을 사로잡은 그녀, 마담 퐁파두르. 1750년에 그려진 그림이다.

던 미녀였지요. 루이즈는 그저 예쁘기만 했던 것이 아니라 재치도 뛰어나고 유머러스한 성격을 가지고 있었다고 합니다. 그 예뻤다는 루이즈 마들렌 초상화가 있다면 참 좋았겠지만 그리 부자는 아니었던지라 초상화를 그릴 만한 여유까지는 없었던가 봅니다.

오늘날 우리 생각으로는 옛날, 하면 왠지 지금보다 훨씬 더 보수적일 것 같지만 사실은 지금보다 훨씬 개방적이고 비상식적인 일들이 아무렇지도 않게 팡팡 터졌던 시절인지라, 루이즈 마들렌은 당시 유행하던 삶의 방식을 따라 살던 터라 남편이 있었음에도 불구하고 여러 남자들과 깊은 관계를 맺어왔습니다.

그러던 와중인 1721년, 루이즈 마들렌은 산통 끝에 예쁜 딸을 낳습니다. 그리고 그 아이를 잔 앙투아네트 푸아송이라고 이름 짓지요. 일반적으로 아이의 아버지는 엄마의 남편이겠으나, 이 경우에는 남자 친구들이 워낙 많았던 어머니이기에 잔의 아버지가 누군지는 정확히 알 수 없습니다. 하지만 아버지가 정확히 누군지 모르기 때문에 아이에겐 오히려 이득이 되는 특이한 일이 일어나게 됩니다.

이 무렵 프랑스에서는 치통으로 쩔쩔매며 고생했던 루이 14세가 사망하고 증손자인 루이 15세가 1715년 왕위에 오릅니다(잔이 태어났을 때쯤엔 루이가 11살이었겠지요). 1710년에 태어난 루이 15세는 왕위에 올랐을 때 고작 5살 꼬꼬마였기 때문에 오를레앙 공 필립 2세가 1723년까지 섭정을 했습니다. 오를레앙 공이 사망한 후 1726년부터는 루이 15세가 직접 프랑스를 다스리기 시작했지요.

그 무렵 잔은 아버지의 사업이 폭삭 망하면서 5살 때부터 약 3년 동안 수녀원에서 살게 됩니다. 당시 수녀원은 요즘으로 치면 규율이 엄격한

프랑스를 다스리는 5살 꼬꼬마 왕 루이 15세. 최대한 어른스럽게 보이도록 그려졌다.

사립 여학교랄까요, 버넷의 동화 「소공녀」 같은 데 등장할 것 같은, 부르주아 계층의 딸들이 수녀들의 엄격한 관리 하에 순종적이고 정숙한 아내로 키워지는 곳이었습니다. 보통 엄격하고 냉정하게 아이들을 대했을 것 같은 딱딱한 수녀원이었지만 그곳에서 잔은 사랑스럽고 예쁜 소녀로 성장했고 수녀원에서는 정기적으로 잔의 아버지에게 편지를 보내 아이의 성장 과정을 보고했습니다. 훗날 왕의 눈을 사로잡을 소녀답게 잔의 성장 보고서는 온통 아이에 대한 칭찬으로 가득합니다.

"(잔은) 항상 매우 사랑스럽고 무척 즐거운 아이라 그녀를 보는 모든 사람을 홀리게 만든답니다."[주18]

하지만 아버지가 탈세 혐의로 외국으로 도망쳐버리자 9살 난 잔은 어머니 손에 이끌려 수녀원을 나오게 됩니다. 인생이 어떻게 돌아가는지 혼란스러웠던 어머니는 마담 르봉이라는 점성술사에게 딸 아이를 들이밀며 미래를 물었습니다. 연기가 풍풍 솟아나고 까만 야옹이 몇 마리가 돌아다니는 풍경이었을 것 같은 점집에서 마담 르봉은 잔의 어머니에게 잔이 어른이 되면 왕의 마음을 다스리는 여자가 될 것이라 속삭였습니다. 돈 좀 더 받고자 그냥 던져본 말이든 진짜로 미래를 보는 힘이 있었던 것이든 점성술사가 던진 이 한마디는 잔의 어머니에게 절대절명의 삶의 목표가 되었습니다.

사랑하는 남자와 알콩달콩 소박하게 사는 삶보다 비록 음지에 있어야 할 수도 있지만 방구석에서라도 금, 은, 다이아몬드를 두르고 사는 경제적 풍요가 삶의 행복이라 생각했던 루이즈 마들렌은 딸의 신분에서 가장 높이 올라갈 수 있는 계단인 왕의 애첩 자리에 눈독을 들이기 시작했습니다. 그리고 그때부터 어린 잔은 '작은 여왕'이라는 뜻의 레네트(Reinette)라는 별명으로 불리기 시작하죠.

아빠인가 삼촌인가. 샤를 투르넴.

사실 왕만큼 만족시키기 어려운 사람도 없겠죠? 천하가 다 자기 발 밑에 있는 데다가 오만방자하기 그지없을 것이고 뭐든 자기 맘대로 하는 게 당연한 사람일 테니까요. 미모와 젊음만으로는 왕의 마음을 하루 넘게 붙잡을 수는 없을 테지요. 재치, 미모, 담력, 신분, 운, 지혜, 인맥, 연줄 등등 온갖 조건들이 최고로 받쳐줘야만 가능한 일일 것입니다.

그렇다면 18세기 절대왕정국가 프랑스에서 평민인 데다가 문란한 생활을 하는 어머니와 빚을 지고 도망 다니는 아버지를 둔 여자아이가 왕의 눈에 들 정도로 가까워지기 위해선 과연 무엇을 해야 할까요? 아름다운 외모를 가진 순수한 처녀로서 왕 앞을 지나다가 실수를 가장하여 레이스 손수건 살포시 떨어뜨리기? 우물가에서 버들잎 송송 띄운 물 한 바가지 퍼주기? 우리의 소박하고 순진한 짐작과 달리 가장 빠른 신분 상승을 위해서는 일단 유부녀가 되어야 했습니다. 그것도 사교계에 출입할 수 있는 훌륭한 가문의 귀족과 결혼해야 했죠.

'아버지가 누군지도 정확히 모르잖아~!' 하는 수군덕거림이 있는 잔이 어떻게 해야 귀족과 결혼까지 할 수 있을까요? 왕의 여자가 될 것이라는 예언 덕분에 잔은 다행히 많은 도움을 받을 수 있었습니다. 가장 큰 도움은 징세권자이자 잔의 친부일 가능성이 가장 큰 샤를 프랑수아 폴 르 노르망 드 투르넴에게서 옵니다. 이름이 굉장히 기니까 그냥 샤를 투르넴이라고만 불러줍시다. 내 딸일지도 모른다는 생각에 샤를 투르넴은 잔을 왕의 여자로 만들기 위해 온갖 힘을 쏟기 시작합니다.

삼촌이라고 불렸던 샤를 투르넴은 잔에게 노래, 춤, 악기 연주, 연극, 수놓기, 대화, 걷는 법 등 귀족 여성이 알아야 할 모든 것을 가르치는 데 공을 들였습니다. 미모를 끊임없이 가꾸고 교양을 쌓은 결과 잔은 도자기처럼 희고 고운 살결에 비너스 상보다 아름다운 몸매를 가지게 되었고 심지어는 빛에 따라 색이 조금씩 다른, 심연을 꿰뚫는 듯한 깊은 청록색의 눈동자까지 타고 났기에 그야말로 '내가 바로 미녀다'로 자라났죠.

잔이 세련된 교양을 갖춘 우아하고 아름다운 여성으로 자라자 샤를 투르넴은 잔을 위해 적당한 남편감을 찾아나섰습니다. 신랑감으로 선택된 남자는 샤를 투르넴의 친조카인 샤를-기욤 르 노르망이었습니다. 이 총각도 이름이 워낙 기니 그냥 노르망이라고 불러주겠습니다.

샤를 투르넴은 잔이 왕의 여인이 될 것이라고 믿고 있었기 때문에 잔에게 '마담 드 에티올'이라는 타이틀을 붙여주기 위해 결혼 이야기가 나오기 몇 년 전부터 파리 북동쪽에 위치한 에티올 영지를 사들인 다음 손을 보아 부동산 가치를 높이고 노르망을 후계자로 지목해 두었습니다. 샤를 투르넴이 계획한 대로 일은 착착 진행되어 잔과 노르망은 1741년 3월에 멋진 결혼식을 올렸습니다.

프랑스를 다스리는 청년 왕이 된 루이 15세.

잔이 워낙 아름답고 교양도 높았으며 말재주도 뛰어난 덕분에 노르망은 잔을 깊이 사랑하게 되었습니다. 잔이 노르망을 사랑했는지는 알 수 없지만 남편의 지위 덕분에 들어갈 수 있게 된 사교계를 사랑한 것은 확실해보였습니다. 잔은 단숨에 사교계의 신데렐라로 떠올랐고 남편과 함께 수많은 파티에 참석하며 자신의 위치를 공고히 하였습니다. 승승장구하며 패션을 선도하기 시작한 잔을 보며 파리의 치안판사는 "전 방금 제가 본 가장 예쁜 여자 중 하나를 만났습니다. 그녀는 음악을 완벽하게 알고 세상의 모든 멋과 행복을 담아 노래하며 몇 백 개가 넘는 노래를 알고 파리에서의 오페라만큼 뛰어난 코미디를 에티올에서 연기합니다."라고 편지에 쓰기도 했습니다.

당시 돈이 썩어나갔던 귀부인들에게 요즘의 명품백과 같은 것은 무엇이었을까요? 유산을 물려받으면 돈이야 많을 수 있지만 지식은 자신이 노력해야 얻어지는 것입니다. 그런 면에서 우아하고 지적인 여성은 그 자체로 존경받고 또한 선망의 대상이었습니다. 그렇기 때문에 당시 귀족 여성들은 학자, 작가, 철학가, 시인 등 지식인들을 후원하고 살롱을 여는 데서 큰 자부심을 느끼곤 했습니다. 아무나 할 수 없는 것이기도 했고 말이죠.

최고의 지식인들과 고위층들에게 둘러싸인 호화롭고 우아한 안주인 역이라니 잔이 빠질 수 없었습니다. 우아하고 아름다운 여주인 역을 맡을 수 있도록 그토록 교육받았던 잔은 자신만의 살롱을 만들었고 이때 유명한 계몽주의 철학자 볼테르와도 친분을 쌓습니다.

즐거운 사교계에서의 삶과는 달리 잔과 노르망의 가족계획은 성공적이지 못했습니다. 두 사람은 여러 차례 아이를 가졌지만 모두 유산되거

잔에겐 그저 신분 상승을 위한 징검다리 역할에 불과한 존재였던 남편 노르망.

나 태어난 지 1년도 되지 않아 죽고 말았죠. 1744년 잔에게 드디어 예쁜 딸아이가 하나 태어납니다. 힘들게 얻은 건강한 아이의 이름은 알렉상드린 잔 르 노르망 드 에티올이었습니다. 알렉상드린이란 이름도 예쁘지만 '팡팡'이란 별명으로 더 자주 불렸다고 해요.

준비된 자에게 기회란 언제든 찾아오는 법! 수많은 유명 인사들과 어울리면서 명성을 쌓아가던 잔에게 어느 날 드디어 기회가 찾아옵니다. 1745년 2월 25일 밤에 베르사유 궁에서 왕자의 결혼을 축하하기 위해 열리는 가면무도회에 잔이 초대받은 것이었죠. 세 번째 애첩이 죽은 지 얼마 되지 않아 우울해 하는 왕의 앞을 양치기 소녀(또는 사냥과 처녀성의 아르테미스 여신)로 차려입은 잔이 쓰윽 지나가다가 나무로 분장한 루이 15세와 눈이 마주친 순간, 역사의 수레바퀴가 움직이기 시작합니다. 될 사람은 되는 것일까요. 미녀는 뭐든 다 되는 것일까요. 어찌되었든 눈

잔과 노르망 사이에 태어난 귀여운 어린 딸, 팡팡.

빛 하나로 잔은 루이 15세의 심장을 건드렸고 두 사람 사이에는 스파크가 튑니다. 그리고 왕의 침실의 커튼이 휘날리고 촛불이 흔들렸지요……. 다음날 아침 잔의 마차가 왕의 궁 앞에서 떠나는 것을 목격했다는 얘기도 전해집니다. 둘이 처음 만났는데 밤새도록 할 얘기가 참 많았던 모양이지요?

3월이 되자(그래봤자 만나고 이틀 뒤면 3월입니다) 잔은 왕의 연인이 되어 베르사유 궁에 거처가 생겼습니다. 그리곤 5월이 되자 잔은 남편과 끝을 냈습니다. 부인을 파티에 한 번 보냈다가 얼떨결에 아름다운 부인을 왕에게 빼앗긴 노르망은 당연히 크게 슬퍼했다고 합니다. 둘 사이에 아이도 있었는데 갑자기 부인을 잃었으니 낙심할 만하죠. 하지만 잔은 남편을 거들떠보지도 않고 루이 15세와 열렬한 사랑에 빠졌습니다. 루이 15세 역시 잔과 사랑에 빠져 헤어나오지 못했죠. 남자가 사랑에 빠지면 온 세상에 자랑을 하고 싶어 하는 법. 루이 15세는 잔을 프랑스 궁정을 비롯해 온 세상에 자랑하고 싶었고 궁정에 소개하기 위해선 귀족 작위가 필요했기 때문에 퐁파두르 후작령을 매입하여 잔에게 내려주었습니다. 그렇게 잔은 퐁파두르 후작 부인이 되어 귀족으로 신분이 상승하게 됩니다. 그 후로 잔은 마담 드 퐁파두르로 불리게 되죠.

마담 퐁파두르의 삶은 예전 잔의 삶과 완전히 달라졌습니다. 잔의 집은 남편과 아이와 사는 소박한 곳이었지만 마담 퐁파두르의 집은 무려 베르사유 궁 그것도 무려 왕의 침실 바로 윗방이었죠. 이처럼 잔이 마담 퐁파두르가 되어 궁정에 소개되고 왕의 연인으로서의 삶을 시작하고 나자 마치 드디어 할 일을 다 했다는 듯이 어머니이자 한때 파리에서 가장 아름다운 여인이라 불렸던 루이즈 마들렌이 크리스마스 이브에 세상을 떠납니다. 싸우기도 하고 의지하기도 했을 어머니가 세상을 등진 이때 마담 퐁파두르는 궁의 무서움을 배우게 됩니다. 그녀의 엄마가 죽든 말든 때는 크리스마스였고 크리스마스는 모두가 웃으며 축배를 드는 시기였으니까요. 곧 다가올 새해도 마찬가지였고요. 마담 퐁파두르는 무척 슬펐겠지만 그 슬픔을 감춰야 했고 바로 생글생글 웃으며 왕 앞에서 아름답게 춤을 추어야 했습니다. 왕의 연인으로 산다는 것이 녹록지 않은 일이었음이 느껴지는 대목이지요. 귀족 중의 귀족이고 집안도 빵빵한 여인들이 해도 어려운 것을 평민이고 아무런 뒷배도 없는 마담 퐁파두르가 한다는 것은, 거센 반발을 불러올 것이 당연했죠.

어머니의 상중인 몸으로 날아갈 듯 가벼운 구두를 신고 핑크빛 리본으로 몸을 감싼 채 까르르 웃으면서 마담 퐁파두르는 회의감을 느꼈을까요? 각오가 되어 있든 후회를 하고 있든, 그녀는 이미 권력의 전장에 들어온 가장 약한 평민 출신이라는 몸에, 가장 강하지만 언제 사라질지 모를 왕의 총애라는 갑옷을 입은 상황이었습니다. 사람들은 마담 퐁파두르가 평민 출신이라는 이유로 왕이 그녀와 말을 섞는 것조차도 불명예스럽다고 쑥덕거렸고 마담 퐁파두르의 결혼 전 성이 물고기를 뜻한다는 이유로 유치하게도 '물고기 스튜'라는 별명으로 놀리기도 했습니다. 마담 퐁파두르는 특히나 이 별명을 싫어해서 슬퍼했기 때문에 루이 15세가 직접 나서서 제지하기도 했다고 해요.

이처럼 왕의 총애를 한 몸에 받으면서도 마담 퐁파두르는 하루도 게을리 살지 않았습니다. 왕의 애첩은 놀고먹으면서 나른하게 침대에 누워만 있으면 되는 줄 알았는데 현실을 다른가 봅니다. 마담 퐁파두르가 왕의 사랑받는 애첩으로 살아남기 위해서 한 일들을 살펴보면 눈물겨

달의 여신 아르테미스로 분장한 마담 퐁파두르의 초상. 1746년에 그려진 그림이다.

울 정도입니다. 대충 까탈스러운 시어머니에다가 히스테리 부리는 상사와 유치하고 철없는 남편에 버르장머리 없는 어린애를 모두 만족시켜야 하는 상황이랄까요? 마담 퐁파두르는 항시 왕을 주시하면서 뭘 원하는지 누구보다 빨리 눈치 채고 맞춰주려 했고 왕이 '책은 싫어! 연극이 좋아!'라고 했기 때문에 왕을 위해서 극장을 꾸미고 스스로 대본을 외워 연극을 하고 노래를 부르기도 했습니다. 달의 여신 아르테미스나 술타나로 분장한 모습을 그린 초상화들도 남아 있지요.

술타나를 연기하고 있는 마담 퐁파두르(1747). 왕을 위해 연극까지 했던 그녀의 노력이 대단하다.

　타고나길 허약한 몸으로 태어났지만 세상천지 다 가져놓고도 툭하면 '나 우울해!' 하는 루이 15세를 위해서 밤새도록 카드 게임 같이하고 여행 다니고 사냥 다니고 노래가 듣고 싶다고 하면 노래 불러주고, 춤추라고 하면 춤을 추고, 놀고 싶다고 하면 파티도 해, 왕의 썰렁한 농담 한마디에도 "전하, 너무 재미있사옵니다, 호호호!" 하고 장단을 맞춰주느라 체력이 남아나질 않을 지경이었습니다.

　게다가 루이 15세는 자주 연인을 바꿔치기하면서도(심지어 남의 부인까지 가로채면서도) 왕비에게 죄책감을 가지고 있었습니다. 그런 왕의 죄책감을 꿰뚫어 본 마담 퐁파두르는 어느 날 왕 부부가 외출했을 때 왕비의 침실을 아주 아름답게 꾸며놓기까지 했습니다. 방도 예쁘게 꾸며놓고 왕이 사랑해준다고 해서 오만방자해지지 않고 살갑게 대해주니 심지어 왕비가 "굳이 첩이 있어야 한다면 차라리 저 여자가 딴 여자보단 낫다."고 하기까지 했죠. 그 덕인지 마담 퐁파두르는 훗날 왕비의 말동무 자

로코코 시대의 초상화가 모리스 캥탱 드 라투르가 파스텔로 그린 「퐁파두르 부인의 초상」(1755). 파스텔 특유의 화사함으로 고고하고도 화려하고 기품이 넘치는 '유럽의 가장 이상적인 귀부인상'을 잘 표현한 것으로 이름 높다. 예술에도 조예가 깊었던 마담 퐁파두르의 취향도 각종 소품에서 엿볼 수 있다.

리까지 오르기도 했습니다.

　그러던 어느 날 마담 퐁파두르의 단 하나뿐인 어린 딸 팡팡이 고작 10살의 나이로 죽고 맙니다. 조그맣고 한없이 예쁜 딸아이가 죽었는데도 마담 퐁파두르는 눈물 한 방울 흘린 티조차 내지 못한 채 화려하게 차려입고 왕의 곁에서 생글생글 웃으며 춤을 춰야만 했습니다. 자식 잃은 부모 마음은 차

루이 15세의 왕비 마리.

마 가늠할 수도 없을 텐데, 그야말로 글자 그대로 뼈를 깎는 노력으로 지켜낸 애첩 자리죠. 그렇게 수많은 고통과 시련을 견뎌내며 그야말로 천하무적 뒷방 마님으로 자리 잡은 마담 퐁파두르는 점차 자신의 영향력을 프랑스 전체로 뻗어나가기 시작하였습니다. 정말 많은 여성들이 사랑해 마지않는 로코코 스타일! 레이스, 리본, 파스텔톤, 풍성한 치마, 자수, 꽃……! 화려하기 짝이 없는 로코코 스타일이 딱 자신의 취향이었는지 마담 퐁파두르는 이를 아주 크게 발전시켰습니다.

　마담 퐁파두르의 초상화를 잘 살펴보시면 허리는 꼭 졸라매고 소매는 크게 부풀려서 허리의 잘록함을 부각시키고 있습니다. 리본도 주렁주렁 아무렇게나 달아놓은 것이 아니라 깊게 파인 가슴에 리본을 큰 것부터 작은 것까지 크기별로 나열해서 가슴은 더욱 더 풍만해 보이게, 허리는 더 잘록해 보이게 한 것입니다. 너무 치장을 한 것 같으니 머리는 느슨하게 틀어 올려서 느긋한 우아함을 표현하였죠. 마담 퐁파두르의 머리 스타일은 요즘 유행하는 올림머리와 많이 비슷했답니다. 시대를

화가 프랑수아 부셰가 그린 「퐁파두르 부인의 초상」(1756). 요즘은 거울이 흔하디 흔한 물건이지만 당시에는 꽤나 값나가는 소품이었기에 초상화에 등장하는 거울은 부를 상징한다.

화가 프랑수아 부세가 1756~1758년 사이에 그린 마담 퐁파두르의 유명한 초상화. 지적인 면을 강조하기 위해 책과 깃펜 등이 놓여 있다. 입고 있는 드레스의 소매는 부풀리고 허리는 꼭 졸라매며 리본은 크기별로 배치하여 풍만한 가슴과 잘록한 허리가 대조되게 하는 등 로코코 패션의 전형을 볼 수 있다.

프랑수아 부셰가 그린 퐁파두르 부인의 초상(1758). 애첩이 갖는 뇌쇄적이지만 교양과는 거리가 먼 이미지를 없애기 위해 마담 퐁파두르는 늘 자신의 지적인 면을 강조하고 또 강조했다.

앞서가는 패셔니스타죠. 패션에 영향을 미치는 것으로 모자라서 마담 퐁파두르는 이제 문학, 교육, 건축, 예술에도 손을 뻗기 시작했습니다. 철학자 볼테르와도 친하게 지냈던 그녀는 종교계에서 아무리 반대해도 들은 척도 안 하고 백과사전을 편찬하는 데 도움을 주어 후대까지 기록을 남겼습니다. 프랑스에 가면 한 번쯤은 보고오는 콩코르드 광장도 마담 퐁파두르가 계획했고 프랑스 육군사관학교도 지었죠.

그러다가 다른 나라에는 모두 도자기가 있는데 프랑스에는 프랑스만의 도자기가 없다며 루이 15세를 졸라 도자기 관련 사업 허가를 받아내기도 했습니다. 그리곤 곧 아름다운 분홍빛이 도는 세브르 도자기라는 것을 만드는데요. 여기서도 마담 퐁파두르의 취향이 여실히 드러납니다. 로코코 패션에서도 알아봤지만 세브르 도자기도 아주 화사하고 화려한 색으로 유명하며, 오늘날에도 최고의 예술품으로 손꼽히고 있다고 해요. 왕의 총애를 받으면서 재산도 착착 불려 나간 마담 퐁파두르는 프랑스의 문화와 예술을 살리겠다며 자기 재산으로 수많은 예술가들과 그 가족까지 통 크게 후원했고, 이때부터 프랑스 문화는 풍성하게 피어났습니다.

이렇게 큼직큼직한 일들을 척척 해냈다는 것만 봐도 얼마나 영향력이 있었는지 느껴집니다. 그러니 당연히 정치 외교적인 면에서도 빛을 발하게 됩니다. 오스트리아 대사까지도 마담 퐁파두르와의 만남을 요청할 정도였으니 말이죠. 마담 퐁파두르는 프랑스와 오스트리아가 사이좋게 지내야 한다며 루이 15세를 설득했고 두 나라는 1756년 베르사유 조약을 체결합니다. 일반적으로 많이 알려진 베르사유 조약은 제1차 세계대전이 끝난 후 1919년에 체결된 것이고 이것은 훨씬 먼저 체결

1759년에 프랑수아 부셰가 그린 퐁파두르 부인의 초상. 사랑스러운 여성을 온 몸으로 표현할 줄 알았던 그녀는 오늘날에도 많은 여성들의 로망인 로코코 양식을 완성시켰다.

루이 15세.

된 것입니다. 이름이라도 다르게 하지 베르사유에서 체결했다고 다 베르사유 조약이라고 하다니 역사 보기 헷갈리라고 일부러 이렇게 이름을 짓는 걸까요! 이때 동맹을 맺고 바로 영국과 7년 전쟁을 벌이게 됩니다. 7년 전쟁의 동맹 때문에 『스캔들 세계사』 1권에 등장한 마리 앙투아네트가 프랑스로 시집오지요.

 이 전쟁이 잘 끝났으면 마담 퐁파두르의 인기도 수직상승했을지 모르지만 안타깝게도 프랑스는 영국한테 제대로 져버리고 식민지 아메리카를 영국에게 넘겨줍니다. 프랑스가 그대로 가지고 있었으면 우린 지금쯤 영어가 아니라 프랑스어를 열심히 공부하고 있었을지도 모릅니다. 잘되면 우리 이쁜 왕 덕분이고 못 되면 그 여우같은 애첩 때문이라고 생각한 사람들은 7년 전쟁에서 패배한 것이 전부 마담 퐁파두르 때문이라고 아우성이었습니다. 하지만 마담 퐁파두르와 루이 15세는 그들을 무시하고 둘만 서로 기대고 있었죠. 낙심하고 고통스러워하는 루

프랑스의 신고전주의 화가 프랑수아 위베르 드루에가 그린 퐁파두르 부인의 노년 초상(1764). 살아생전에 시작되었지만 그녀가 죽은 후에 완성되었다.

이 15세의 어깨를 끌어안고 마담 퐁파두르는 프랑스 역사에 길이길이 남을 말을 합니다. "우리 후에 홍수가 오겠지요(après nous le déluge)." 이는 우리가 지나간 후에 일이 벌어질 것이니 신경 쓰지 말라는 뉘앙스인데요. 프랑스 혁명을 예언한 것으로 유명해진 말이랍니다.

그렇게 점차 시간이 흐르면서 커져가는 영향력과는 달리 마담 퐁파두르는 나이가 들어갔지만 어린 딸을 잃은 엄마의 마음을 달래줄 다른 아이는 태어나지 않았습니다. 1746년과 1749년에는 임신 소식이 들리기도 했지만 모두 유산되어 예쁜 아이는 하나도 없이 몸만 허약해져 갔습니다. 결국 1750년 이후로 루이 15세와 마담 퐁파두르는 연인이 아닌 친구로 남게 됩니다. 하지만 연인 관계가 끝났음에도 불구하고 마담 퐁파두르는 죽을 때까지 왕의 사랑을 받으며 애첩의 자리를 굳건히 지켰습니다. 마담 퐁파두르가 왕을 위해 자신의 적수가 되지 못할 여자들을 왕의 침실로 들여보냈다는 유명한 설도 있지만 그 무엇보다 마담 퐁파두르의 재치와 교양, 지식과 더불어 늘 왕만을 위해 바친 삶을 산 것이 왕의 마음을 사로잡았던 것이겠죠.

그렇게 파리 제일의 미녀와 누군지 모를 아버지에게서 태어나 왕의 애첩으로 길러진 잔 앙투아네트 푸아송에서 왕의 사랑을 한 몸에 받으면서 프랑스를 손에 쥐고 흔들며 한 시대를 풍미한 마담 퐁파두르로 살았던 그녀는 1764년, 42살의 나이에 결핵으로 고통받다 화려하고 아름답지만 쓸쓸한 삶을 마쳤습니다. 추적추적 내리는 빗속에서 마담 퐁파두르의 관이 루이 15세가 내려다보는 창문 밑을 지나가자 그녀와의 20년 추억을 담아 루이 15세는 이렇게 속삭였습니다.

"후작 부인이 좋지 않은 날씨 속에 여행을 떠나는군." [주19]

14. 미라 풀기 파티를 아시나요?
- 영생을 기원하며 만들어진 고대 이집트 미라의 수난기

지금도 그렇지만 옛 유럽 사람들에게 이집트, 특히 고대 이집트는 『구약성서』 등을 통해 접했음에도 불구하고 무척 신비로운 존재였습니다. 그중에 이집트의 미라, 하면 뭔가 신비로운 힘이 있을 것이라 생각했죠. 미라는 영어로 '머미(mummy)'라고 하는데요. 이는 역청과 생김새가 비슷해서 나온 말입니다. 이렇게 말하면 역청이 뭐냐고 하시겠지요. 역청은 바로 도로 포장하는 데 사용하는 까맣고 끈적끈적한 아스팔트입니다. 미라들한테 안타까운 해프닝은 이 용어 사용에서 일어났는데, 미라도 사람의 피부 조직이 변해 검고 끈적끈적해지므로 역청도, 미라도 모두 페르시아어로 머미야(Mumiya)라고 불렸습니다.

옛날 사람들이 이 역청을 약으로 사용했던 모양인데 미라까지 머미야라고 불리면서 이 미라, 그러니까 '잘 건조된 시신'을 약으로 사용하기 시작했습니다. 머미야는 출혈을 멈추게 하는 데 즉효라고 알려져 있

역청과 미라. 헷갈릴 만도 하다.

었죠. 그래서 프랑스의 프랑수아 1세 같은 경우는……, 프랑수아 1세 기억나세요? 『스캔들 세계사』 2권에서 앤 불린의 자매 메리 불린을 '영국산 암말'이라 부르고 레오나르도 다 빈치랑 스파게티 나눠먹던 그분입니다. 이래저래 우리 이야기에 안 끼는 데가 없는 남자네요! 아무튼 이 남자는 가루를 낸 루바브에 미라를 갈아 넣어 만든 가루를 늘 갖고 다니면서 말에서 떨어지거나 어딘가 찢기나 베이면 "지금이야말로 미라 가루를 먹어줄 때!"라고 외치면서 가루를 덥석덥석 먹었습니다. 그럼에도 불구하고 옛날 사람들이 무사히 애도 낳고 나름 나이 들어 죽은 것을 보면 참 신기합니다. 별의별 괴상한 것을 다 먹고 발랐는데 말이죠. 효과는 어땠냐고요? 일반적으로 몇 천 년된 시신의 가루가 밀가루 같은 효과를 내진 않았을 것이고, 먹고 나면 엄청 어지러웠다고 합니다. 그런데 실제로 약효가 있었던 것이 너무 어지러워 무엇 때문에 약을 먹었는지 기억을 못하게 되었다고 해요!

이처럼 왕이 미라 가루를 들고 다니며 마치 분말 비타민C 털어 넣듯 냠냠 먹어주신 걸 보면 알겠지만 사실 미라 가루는 11세기부터 등장하기 시작하여 무려 17세기까지 너도 나도 먹어댔고 당시 발굴된 미라의

미라 가루를 애용한 프랑수아 1세. '피를 멎 게 하는 데는 역시 미라 가루가 최고지!'

수로는 도저히 국민의 니즈(!)를 채울 수가 없었습니다. 그래서 유럽과 아라비아 상인들은 '몇 천 년 된 미라나 몇 시간 된 미라나 그게 그거 아니냐?' 하며 무연고자, 처형당한 범죄자, 자살자 등의 시신을 건조시킨 다음 갈아서 팔기도 했습니다.

결국 이렇게 팔려나가는 미라를 가만 보고 있던 당시 이집트 관리들이 '이거 돈 좀 되겠는데?' 하며 '미라를 밀반출하면 벌금을 아주 무겁게 때리겠다!'고 하자 금세 사그라들었습니다. 장사가 잘 되어도 벌금 낼 돈은 없었는지, 아니면 미라 장사가 벌금 잔뜩 물어가면서까지 할 만한 사업은 아니었는지는 알 수 없지요. 오늘날에도 오컬트 의식에 이용하기 위해 미라 가루를 사고팔기도 한다고 해요.

그렇게 시간은 흘러 19세기가 되었지만 과학의 발전도 아직은 사람들의 행동에 그리 큰 변화를 주지 못했습니다. 19세기의 우아한 만찬 자리에서 대대적으로 유행했던 파티가 있었으니, 그것은 바로 '미라 풀기

기자 피라미드를 구경하고 있는 영국인들(1910년).

파티'였습니다. 글자 그대로 부유한 사람들이 미라를 구해 와서 신나게 밥을 먹고 난 뒤 우아하게 차 한 잔 하면서 미라를 감싸고 있는 붕대를 풀어서 속에 뭐가 있는지 구경하는 파티였죠. 너도 나도 초대장 못 받아서 안달이었다고 하는데 당시에 정말 최고로 인기를 끌었던 탓에 수많은 고대의 미라들이 손실되었습니다. 미라를 갈아낸 가루를 이용해서 갈색 물감을 만들어 화가들이 그림 그리는 데 사용하기도 했습니다. 물감의 이름은 머미 브라운!

교통 수단이 발달하면서 유럽인들은 이집트로 여행을 가서 피라미드를 구경하기 시작했고 요즘도 이집트까지 가면 멀리도 갔으니 기념품을 사올 텐데 당시에는 물론 더 했습니다. 그 멀고 먼 이집트까지 갔으니 기념품을 가져와야죠! 뭘 살까요? 모형 피라미드? 돌아가서 친구들을 깜짝 놀라게 하려면 그 정도로는 안 되지요. 그러니 친구들이 보면 깜짝 놀랄 만한 것을 가져가야겠다 싶어 유행한 것이 있었으니, 바로 미

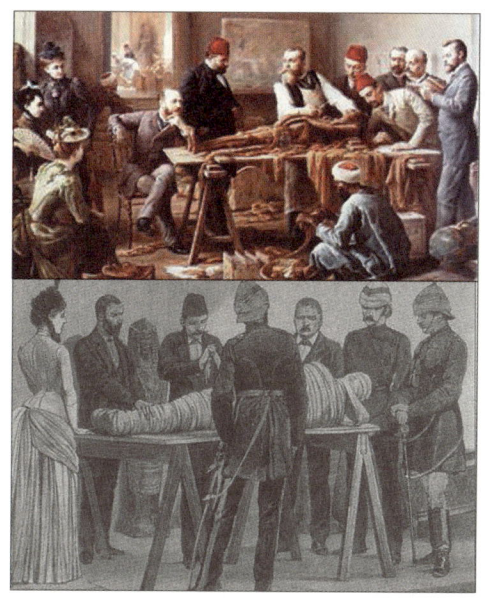

밥 먹고 나서 2차는 당연히 최신 유행인 미라 풀기 파티죠!

라였습니다. 그런데 막상 가져가려니 시신을 들쳐 매고 돌아다니는 게 쉬운 일이 아니거든요. 그래서 머리, 손, 발, 다리 등등을 툭툭 잘라내어 조각으로 손쉽게 들고 다니곤 했습니다. 너무나 인기가 좋았기 때문에 당연한 수순으로 가짜 미라도 등장했지요.

그리고 어찌어찌 미라는 미국까지 흘러 들어갔는데 미국에서는 미국 대로 한바탕 난리가 났습니다. 미라로 연고를 만들고 물감을 만들고 서 커스를 하는 것으로는 부족했는지 한 술 더 떠 미라를 사탕 가게 밖에 전시해놓고 '이 미라가 바로 모세를 구해낸 파라오의 딸!'이라고 마케 팅에 이용하질 않나, 남북전쟁(1861~1865) 때 아이작 어거스투스라는 종 이 제조업자는 종이를 만들 재료가 부족하다는 이유로 미라를 감싼 리 넨 붕대를 풀어서 펄프로 만들어 종이를 생산하기도 했습니다.

몇 천 년 전이라는 머나먼 과거, 고대 사람들이 미라를 만들었다는 것은 당시 사람들의 큰 호기심을 불러일으켰다.

이처럼 사람들이 수천 년 된 미라들을 함부로 대하는 걸 보고 『톰 소여의 모험』이랑 『왕자와 거지』를 쓴 작가 마크 트웨인은 '사람들이 미라 조각을 철도 만드는 데 필요한 침목으로 가져다 쓴다'는 말을 하기도 했습니다. 이 이야기는 마크 트웨인이 진심으로 한 소린지 농담으로 그냥 던진 말인지, 진위를 둘러싸고 아직도 논란 중입니다.

미라 입장에서 생각하면 죽고 나서 영생을 누리지는 못할망정, 내장이 뽑히고 콧구멍으로 뇌가 꺼내지는 수난을 당한 끝에 겨우 미라가 되었는데, 몇 천 년 뒤에 웬 이방인들이 나타나서 자기 시신을 갈아 약으로 먹고 물감이나 만들고 내 옷을 벗기면서 파티를 벌이다니, 정말 기가 막힐 노릇이었겠죠.

15. 시인의 사랑
– 영문학 사상 최고의 연인 엘리자베스 배럿과 로버트 브라우닝의 사랑

내 숨결, 내 웃음, 내 눈물, 내 삶으로 당신을 사랑합니다.
그리고 신께서 허락하신다면 나는 당신을 죽음 후에 더 사랑할 것입니다.

— 엘리자베스가 로버트에게 사랑을 고백하며 쓴 시 중에서

세기의 커플, 하면 누가 떠오르세요? 로미오와 줄리엣? 단테와 베아트리체? 스칼렛 오하라와 레트 버틀러? 눈에 콩깍지가 씐 연인들은 온갖 방법으로 서로에게 자신의 감정을 고백하곤 합니다. 감미로운 노래를 부르거나 달빛이 가득 스며 있는 사랑의 편지를 밤새 써내려가기도 하지요. 서로의 눈을 바라보며 한없이 행복해 하고 상대를 끝없이 사랑하는 모습은 언제 보아도 아름답습니다. 역사 속 유명한 커플들 중 여기서는 뛰어난 재능과 감성을 지닌 2명의 시인이 어떻게 영문학사에 길

이 남을 연인이 되었는지 알아볼까요.

지금으로부터 200여 년 전인 19세기 빅토리아 시대의 영국에 엘리자베스 배럿(1806~1861)이라는 시인이 살았습니다. 배럿 집안의 장녀로 태어난 엘리자베스는 마치 '너는 무조건 시인을 하도록 하여라' 라는 신의 계시라도 받은 듯, 문학에 놀라우리만치 뛰어난 재능을 보여서 6살에(또는 8살이라고도 합니다) 벌써 시를 썼답니다.

우리 주변의 6살 아이를 생각해보면 고사리 같은 손으로 꼬물꼬물 글자만 쓰는 것도 놀랍고 귀여운데 '꼬마 시인' 엘리자베스가 쓴 시는 제목부터 범상치 않았습니다. 무려 「인간에게 가해지는 억압의 잔인함에 대하여On the Cruelty of Forcement to Men」라는 제목이었기 때문이죠. 그야말로 19세기 대표 애늙은이 격이네요.

유치원 다닐 나이에 인간에게 가해지는 잔인함을 논했던 엘리자베스는 이후 그리스어를 독학하는가 하면 서사시도 쓰곤 하였습니다. 어린 딸이 자랑스럽고 기특했던 부모님은 엘리자베스가 14살 때 이 작품들을 모아 책으로 내어 선물해주기도 했지요. 이처럼 부모님의 칭찬을 먹고 자란 엘리자베스는 어른이 되어서도 많은 작품을 출간하며 시인으로서 입지를 다졌고 꾸준히 다양한 책을 읽었습니다. 유명한 여성 운동가이자 「프랑켄슈타인」을 쓴 메리 셸리의 어머니인 메리 울스톤크래프트의 「여성의 권리 옹호A Vindication of the Rights of Women」를 읽고 남자 형제들은 다 학교로 떠나지만 자신은 집에만 있어야 하는 것에 불합리함을 느끼며 여성 운동에 큰 관심을 갖게 되기도 하였죠.

커가면서 엘리자베스는 노예제를 열렬히 반대하였습니다. 엘리자베스가 노예제에 관심을 갖게 된 데는 이유가 있었습니다. 엘리자베스 배

조숙한 문학 소녀였던 엘리자베스 배럿.

럿의 집안은 17세기부터 자메이카에서 사탕수수 농장, 제분소, 유리 공장 등을 운영하고 이를 영국으로 실어나르는 사업가 집안이었습니다. 무려 1만 에이커(약 1,200만 평)가 넘는 토지를 소유하고 있던 엘리자베스 아버지의 사업에 많은 노예의 값싼 노동력이 투입된 것은 두말할 것도 없었고 엘리자베스 외갓집의 부 역시 노예제 덕분이었습니다. 즉 비록 노예제를 통해 잘 먹고 잘 사는 어린 시절을 보낸 엘리자베스였지만 스스로 찾아보고 공부하다보니 노예제만큼 잘못된 것은 없다는 생각이 들었던 것입니다. 1833년 드디어 영국에서 노예제를 폐지하자 무척 기뻐했지요.

엘리자베스는 아버지와 무척 친했는데 노예제를 반대함으로써 사이가 틀어지기도 했습니다. 손꼽히는 부자였던 배럿 집안을 일구기 위해 아버지와 할아버지는 노예를 부리면서 여러 사업을 운영했으니 노예제 폐지는 곧 배럿 집안에 엄청난 경제적 손실을 가져오는 일이었던 것이죠. 실제로 노예제 폐지 이후 경제적으로 손해를 많이 본 탓에 엘리자베스가 어릴 적 자란 집을 팔아야 했습니다. 그럼에

여성과 노예, 어린이 등 사회 문제에도 관심이 많았던 행동파 시인, 엘리자베스 배럿.

도 불구하고 노예제 폐지가 옳다고 생각했던 엘리자베스는 자신의 주장을 굽히지 않았습니다.

"나는 서인도 노예 소유자 가족에 속해 있어요. 만약 내가 저주를 믿는다면 두려워해야 마땅할 일일 것입니다." [주20]

엘리자베스는 로버트와 결혼한 이후에야 노예제를 강하게 비판하는 시를 쓸 수 있었습니다. 그 밖에도 엘리자베스는 아동 노동은 끔찍한 짓이라며 아이들이 얼마나 힘든 삶을 살고 있는지 1842년에 발표한 시 「아이들의 울음 The Cry of the Children」을 통해 고발하였습니다. 이는 많은 사람들의 동조와 공감을 얻었고 하루 15시간 이상 노동이 일상다반사였던 당시 영국에서 10시간 이상 노동을 금하는 법을 통과시키는 데 큰 원동력이 되었습니다.

아아, 가련한 아이들!

삶에서 죽음을 찾고 죽음이야말로 최고라 여기는 아이들!

부서지지 않기 위해 무덤에서 꺼낸 수의로

제 심장을 둘러싸고 있습니다.

나가렴, 아이들아, 이 광산과 이 도시에서

노래를 부르렴, 아이들아, 작은 개똥지빠귀처럼

풀밭에서 예쁜 앵초꽃 한가득 손에 들고

손가락을 스쳐 떨어지는 꽃들을 느끼며 크게 웃으렴!

하지만 아이들은 말하지요.

"당신이 말하는 풀밭의 앵초꽃은 광산 주변의 잡초와 비슷한가요?

당신들의 잘나고 멋진 즐거움으로부터

우리를 이 어두운 석탄 그늘 속에 조용히 내버려두세요."

"왜냐면" 아이들이 말하지요.

"우린 지쳐서 달리거나 뛸 수 없어요.

풀밭에 관심이나 두려면 그것은 쓰러져 잠을 자기 위한 거에요.

몸만 숙여도 우리의 무릎은 고통스럽게 떨리니

얼굴을 묻고 잠을 자려 노력할 거에요.

그리고 내리 누르는 무거운 눈꺼풀 아래에선

가장 새빨간 꽃조차도 눈처럼 하얗게 보이겠죠.

왜냐면 하루 종일 우리는 석탄처럼 어두운 지하 탄광에서

무거운 짐을 질질 끌고 다녔거나

하루 종일 공장에서

쇠바퀴를 빙글빙글 끌어야 했으니까요."

―「아이들의 울음」중에서

자신의 사회적, 정치적인 생각을 문학으로 승화시키던 엘리자베스는 활발한 활동을 하였고 여러 작품 중 『시Poems』라는 책은 큰 인기를 끌어 그녀를 당대 최고의 인기 작가로 끌어올립니다. 그리고 수많은 사람들이 그녀의 시에 깊은 감명을 받지요. 19세기에는 텔레비전도 컴퓨터도 없던 시절인지라 일반적으로 시인과 문학인들이 사교계에서 대대적인 인기를 끌었기에 순식간에 대스타가 될 수 있었을 테지만 엘리자베스는 집 밖으로 잘 나오지 못했습니다. 15살 때 낙마 사고로 생긴 병이 평생토록 그녀를 괴롭혔기 때문이었죠.

끊임없이 계속되는 두통과 척추의 통증으로 심할 때는 움직일 수조차 없었던 엘리자베스는 결국 자신의 집 다락방에서 잘 나오지 않았고 가족들만 만나며 점차 나이가 들어갔습니다. 자식들이 결혼하는 것을 영 탐탁지 않아 했던 아버지는 그런 딸을 더더욱 감추어 두었죠.

그렇게 엘리자베스가 집 안에서 머물러 있을 무렵은 빅토리아 여왕의 통치와 함께 빅토리아 시대가 막을 올린 때입니다. 빅토리아 시대는 그야말로 풍요로운 대영제국을 만들었던 때로 '해가 지지 않는 나라'라고 불렸던 시절입니다. 산업혁명의 성공으로 영국은 강력해져 갔으며 귀족들과 상류층들은 막대한 부를 누리면서 아주 허영심 강하고 보수적이며 고상한 척하는 생활을 했죠. 때로 그렇지 않은 사람도 많았지만 적어도 앞에선 피아노 다리도 경박하다고 가려댔답니다.

하지만 그와는 반대로 성공적이었던 산업화 탓에 너도 나도 도시로 들어오면서 노동자의 생활은 처참해졌고, 그들도 사람인지라 인간답게 살고 싶다는 열망으로 노동 운동이 일어났습니다. 많은 문학 작품들이 쏟아져 나왔으며 우리의 주인공 엘리자베스와 로버트 브라우닝뿐만 아니라 브론테 자매가 등장한 때도 바로 이 시기입니다. 브론테 자매의 대표작으로는 『제인 에어』(1847)와 『폭풍의 언덕』(1847) 등이 있죠.

빅토리아 시대에 영국이 얼마나 승승장구했냐면, 빅토리아 여왕은 단순히 영국의 여왕이 아니라 노년에는 인도 황제라는 직책까지 겸했습니다. 자기 나라 여왕이 지구 반 바퀴를 돌아야 나오는 거대한 나라의 왕좌에까지 떡 하니 앉았으니 영국인들의 콧대가 보통 아니었겠지요. 빅토리아 여왕이 사망하고 나자 장남인 에드워드는 에드워드 7세로 즉위했고 시어머니 잘 둔 덕분에 부인인 덴마크의 공주 출신의 알렉산드라는 영국의 왕비이자 인도의 황후가 되었습니다. 하지만 빅토리아 여왕이 그리 마음에 썩 들어하는 며느리는 아니었다고 해요.

그래도 에드워드 7세와 알렉산드라는 아들 조지를 낳았고 이 조지는 현재 영국 여왕인 엘리자베스 2세의 할아버지로 윈저 왕가를 처음 시작한 왕이 되었습니다. 갑자기 새로운 왕가가 등장한 이유는 조지 전대까지만 해도 영국 왕실은 독일에서 유래한 작센 코부르크 고타(Sachsen-Coburg und Gotha) 가문이었지만 이것이 제1차 세계대전을 겪은 영국인들의 반독 감정을 자극한다고 생각되어 조지가 아예 가문 명을 윈저로 바꿔버렸기 때문입니다. 이렇게 보니 이 시대나 인물들이 그렇게 오래되진 않았다는 것이 느껴지나요?

이처럼 바깥 세상은 그야말로 눈이 핑핑 도는 속도로 발전 또는 변화하고 있었지만 엘리자베스는 그저 집 안에만 틀어박혀 지내고 있던 어

시어머니 잘둔 덕분에 덴마크의 공주에서 영국의 왕비이자 인도의 황후가 된 알렉산드라.

느 날, 사랑이 문득 그녀를 찾아옵니다. 한 장의 팬레터가 엘리자베스의 집으로 배달된 것이었죠.

"저는 제 온 마음을 다해 당신의 시를 사랑합니다. 친애하는 배럿양(I love your verses with all my heart, dear Miss Barrett)."으로 시작하는 열정적인 팬레터를 보낸 남자의 이름은 동료 시인이었던 로버트 브라우닝 (1812~1889). 영문학에서 전설로 일컬어지는 배럿 & 브라우닝의 로맨스가 시작되는 역사적인 순간이었습니다.

참, 연도를 유심히 보셨다면 로버트가 엘리자베스보다 6살 연하라는 것을 눈치 챌 수 있을 것입니다. 요즘 연상녀 연하남 커플이 갈수록 늘고 있다는데, 그야말로 200년 빠른 얼리어답터네요. 엘리자베스의 시에 홀랑 반한 젊은 남자 로버트는 엘리자베스에게 열정적으로 편지의 폭격을 가하며 열렬히 구애를 하였습니다. 그러나 엘리자베스는 만남 자체도 꺼렸지요. 당시 엘리자베스는 39살, 당시 기준으로는 엄청난 노처녀였고 로버트는 33살, 아직 충분히 결혼이 가능한 총각이었기 때문이기도 하고, 로버트가 자신의 시를 사랑하는 마음을 자신을 사랑한다고 착각하고 있다고 믿었기 때문이기도 하였습니다.

그 마음, 이해는 가지요? 연상녀-연하남의 결혼이 극히 드물었던 당시에 집안에만 틀어박혀 있던 노처녀인 자신을 진정으로 사랑하는 것인지 걱정할 수밖에 없었던 엘리자베스의 마음이 말이죠. 한동안 마음에 철벽을 두르고 있던 엘리자베스에게 다가간 로버트는 '나는 당신을 아무 이유없이 사랑한다'고 설득합니다. 그저 당신이 당신이기 때문에 사랑한다고, 당신의 모든 면을 사랑한다고 말하지요. 엘리자베스는 처음에는 믿지 못했지만 변함없이 자신만을 바라보는 로버트에게 마음이

엘리자베스 배럿과 로버트 브라우닝.

흔들리고 결국 두 사람은 사랑에 빠집니다.

그리고 첫 편지를 받은 후 1년 동안 무려 575통의 편지를 주고받은 두 사람은 결혼을 약속합니다. 그러나 뜻밖에도 엘리자베스의 아버지가 강력하게 반대하고 나섭니다. 엘리자베스의 아버지는 자식들의 나이와 상관없이 모두 집밖으로 내보내지 않았다고 해요. 결혼하면 호적에서 파버리겠다고 할 정도였죠. 옛 이야기에서 결혼 안 하겠다고 버티면 호적에서 파버리겠다고 하는 경우들은 있지만, 아무튼 정말 독특한 아버지였지요. 하지만 자고로 사랑에는 장애물이 있어야 더 불타오르는 법. 두 사람은 자신들의 사랑을 전폭적으로 지지해주던 엘리자베스 형제들의 도움으로 1846년 9월 1일에 비밀 결혼을 합니다.

그런데 엘리자베스가 15살에 얻었던 병은 갈수록 고통이 심해졌기 때문에 의사들은 그녀에게 추운 영국을 떠나 따뜻한 곳으로 이사할 것을 권합니다. 그래서 브라우닝 부부는 아버지의 눈도 피할 겸 이탈리아의 피렌체로 넘어가게 되지요. 엘리자베스는 아버지와 끝끝내 화해하지 못했고 아버지는 다른 모든 결혼한 자식들에게 그랬듯이 아예 유산 상속 대상에서 제외시켜 버렸습니다. 하지만 친했던 아버지와 멀어지는 슬픔도 잠시, 알콩달콩 서로가 좋아 죽을 지경이었던 엘리자베스와 로버트는 4번의 유산 끝에 아들 펜을 얻습니다.

아들 펜과 함께 찍은 엘리자베스의 사진.

 서로를 너무나 사랑하며 함께 살게 된 두 사람은 이와 동시에 둘의 문학 세계의 절정을 맞이하여 문학사를 빛낼 명작들을 쏟아내기 시작합니다. 그렇잖아도 넘쳐나는 재능에 핑크빛 사랑이 부어졌으니 그 효과는 놀라웠습니다. 특히 엘리자베스 같은 경우는 젊은 시절 사회 비판적인 시들을 썼지만 로버트를 만난 후로는 사랑에 관한 시들을 많이 썼습니다. 그 때문에 그녀의 날카로운 시를 사랑하던 많은 평론가들이 아쉬워하기도 합니다. 하지만 엘리자베스 개인에게 있어서는 행복의 시작이었을 테지요. 엘리자베스 배럿 브라우닝이라고 하면 떠오르는 대표적인 시는 모두 로버트를 만난 뒤에 쓰였으니까요.

 로버트 브라우닝은 엘리자베스보다 훨씬 늦게 글쓰기를 시작하였으나 엘리자베스의 시에 많은 영향을 끼쳤고 또한 많은 영향을 받았습니다. 엘리자베스는 굉장히 당당하고 독립적인 여성이었고 사람들이 자신의 시를 좋아하지 않거나 욕을 해도 그들 앞에 나가 "난 그 누구를 만족시키기 위해 시를 쓰지 않아요. 내 남편조차도 만족시키려 하지 않죠."라고 당당히 말하곤 했습니다. 말은 그렇게 했지만 두 사람이 쓴 시를 보면 달달한 것이 한여름 땡볕 아래 아이스크림처럼 그냥 녹는답니다. 두 사람이 주고받은 시를 한 번 읽어볼까요?

로버트 ―
저에게서 달아나겠다고요?
절대 안 되지요.
내 사랑이여
제가 저이고 당신이 당신이고
이 세상이 우리 둘을 모두 포함하고 있는 동안
저는 사랑하고 당신은 원치 않고
하나가 쫓고 하나가 달아나고
두렵게도 제 삶은 잘못된 것인가 봐요. (후략)

엘리자베스 ―
만약 당신이 나를 꼭 사랑해야 한다면 이유없이 사랑해주세요.
오직 사랑만을 위해 사랑해주세요.
'난 그녀의 미소를, 그녀의 외모를, 부드럽게 말하는 그녀의 말투를,
나와 잘 통하는 그녀의 생각을, 힘들 때 날 편히 해주는 행동을 사랑

해' 라고 말하지 말아주세요.

왜냐하면, 내 사랑이여, 이런 것들은 변할 수도, 또는 당신이 변할 수도 있으니까요.

그렇게 얻어진 사랑은 그렇게 잃을 수도 있으니까요. (후략)

로버트 —

내 사랑이여

세상의 모든 진실인 그대가,

지금 당신의 눈이 말해주고 이 말을 할 때 목소리가 갈라질 정도로 나를 진정으로 사랑하고 이 긴 삶 속에서 여전히 나를 사랑하고 있을 수 있는 그대가

죽음 때문에 나에게서 멀어질 수 있다는 것은 참으로 쓰디쓴 일입니다.

나는 반드시 당신 곁에 있어야 합니다. 그리고 당신의 손은 결코 나의 손을 떠나지 않을 것이에요

순식간에 당신 곁으로 갈 수 없다면 제 심장은 견디지 못할 것입니다.

(후략)

엘리자베스 —

제가 당신을 얼마나 사랑하냐고요? 그 수많은 길들을 세어보지요.

내 영혼이 닿을 수 있는 깊이만큼, 높이와 넓이만큼 사랑합니다.

난 인간이 권리를 위해 싸우듯 자유롭게 당신을 사랑하고

난 내가 잃은 줄 알았던 사랑으로 당신을 사랑하고

내 숨결, 내 웃음, 내 눈물, 내 삶으로 당신을 사랑합니다.

그리고 신께서 허락하신다면 나는 당신을 죽음 후에 더 사랑할 것입니다.

아이고, 둘이 꼭 달라붙어서 서로에게 자신이 쓴 시를 속삭여주었을 모습이 눈에 선하지요? 마지막의 '제가 당신을 얼마나 사랑하냐고요?'로 시작하는 시는 엘리자베스 배럿 브라우닝의 대표시 중 하나로 1845년에 발표된 것입니다. 정말 사랑한다는 것이 느껴지는 시이기에 요즘도 프로포즈용으로 많이 사용된다고 합니다. 엘리자베스는 로버트의 사랑 덕분인지 의사의 예상보다 10년을 더 살아서 두 사람은 15년 동안 정말 행복한 잉꼬 부부로 살았습니다. 그러나 엘리자베스의 증상이 심해지고 동맥이 터져 결국 사망에 이르게 됩니다.

로버트의 말에 따르면 엘리자베스는 몇 번의 기침을 제외하고는 죽기 전에 거의 고통을 겪지 않았다고 합니다. 죽기 전 반년 동안은 너무나 잘 지내서 다들 엘리자베스가 완쾌되었다고 생각할 정도였습니다. 로버트가 엘리자베스를 온 정성과 사랑을 다해서 간호했기 때문에 좋아지는 것이 놀랍지 않을 정도였지요. 병이 너무나 천천히 진행되었기 때문에 엘리자베스는 스스로를 언제나 죽어가고 있는 중이라고 농담을 할 정도였습니다.

76살의 로버트. 엘리자베스를 떠나보낸 후 피렌체로 발길조차 하지 않았을 정도로 그녀를 깊이 사랑했다.

엘리자베스가 죽은 날 밤, 11살짜리 아들이 엘리자베스에게 "정말 낫고 있는 거예요?"라고 묻자 그녀는 "훨씬 좋아졌단다."라고 대답했지요. 하지만 죽음의 신은 자비를 베풀지 않고 찾아왔고 엘리자베스는 로버트의 품에 안겨 로버트의 질문에 마지막으로 답했습니다.
"기분이 어때?"
"아름다워."

그렇게 엘리자베스가 세상을 떠나고 난 후 로버트는 어린 펜을 데리고 런던으로 돌아왔습니다. 엘리자베스가 죽은 후 17년이 지나서야 이탈리아에 발을 들였지만 다시는 피렌체에 가지 않았죠. 엘리자베스가 사망한 후 로버트는 더욱 열심히 작품 활동을 하여 『반지와 책 The Ring and the Book』(1869)이라는 무려 12권에 달하는 장편시를 발표하기도 하였는데 이 작품은 로버트의 가장 훌륭한 시집으로 평가받고 있습니다. 이후로도 여러 걸작을 발표하던 그는 77살의 나이로 1889년에 사망하였고 런던에 있는 웨스트민스터 사원의 영국을 대표하는 시인들을 위한 묘지에 잠들어 있습니다. 서로를 이처럼 평생 동안 사랑한 것만으로도 대단히 아름다운 삶을 산 것인데 이 두 연인이 모두 빅토리아 시대를 대표하는 시인이며 연인을 향한 사랑으로 가득한 시들을 써내려갔기에 엘리자베스 배럿과 로버트 브라우닝은 영문학사상 최고의 연인으로 칭송받고 있습니다.

작은 세계사 3

배달받고 싶지 않은 행운

"이 편지는 영국에서 최초로 시작되어……."
학창 시절 모두들 한번쯤은 받아본 행운의 편지! 사람들에게 똑같은 내용을 전해야 하고, 전하지 않으면 불행이 온다는 행운의 편지의 역사는 생각보다 굉장히 오래되었답니다. 그 시초는 천국에서 예수 그리스도가 보냈다는 편지로 몇 세기에 걸쳐 유럽에 널리 퍼져 있었습니다.

"내(예수 그리스도)가 나의 손으로 쓰고 나의 입으로 말한 이 편지를 가진 자가 이것을 남들에게 알리지 않고 가지고 있다면 번성하지 못하리라. 하지만 다른 이들에게 이것을 나눈다면 내 이름으로 축복받을 것이며 그들의 죄가 하늘의 별처럼 많다 해도 이 편지를 믿는다면 사함받을것이라."

성경에도 없는 얘기에 함부로 신을 사칭하기까지 한 편지임에도 불구하고 옛날 사람들은 행운의 편지의 함정인 '혹시 모르니까……'에 빠져 들었습니다. 게다가 지금보다도 훨씬 진지하게 받아들여 신의 분노와 역병을 피하기 위해서라도 편지를 보내야 했죠. 시간이 흘러 20세기부터는 좀 더 짧고 간결하면서 목적이 분명한 행운의 편지가 돌아다니기 시작했답니다. 가장 유명한 것은 10센트 보내기 편지로 돈을 목적으로 한 것이었죠. 후에는 1달러 보내기로도 발전하는 이 편

1795년의 천국에서 온 편지(위)와
1820년에 쓰인 같은 편지(오른쪽).

지의 방식은 이렇습니다. 여러 이름이 쓰인 목록과 함께 편지가 도착합니다. 당신은 목록 제일 위에 있는 사람한테 10센트를 보내고 그 사람의 이름을 지운 뒤 당신의 이름을 목록 제일 밑에 적어 넣습니다. 그리고 편지와 목록을 주변에 전달합니다. 그럼 이론적으로는 사람들이 이름을 밑에 적으면서 점차 당신은 올라가고 마지막에는 전국 각지의 사람들에게서 10센트씩 받아 전부 1,562.5달러 정도의 돈을 받게 된다는 것이었죠. 이기적인 사람이 하나만 있어도 무너질 것이지만 처음 등장했을 때 우체국은 10센트가 동봉된 편지들의 폭격으로 업무가 마비될 지경이었습니다. 결국 오늘날 미국에서는 행운의 편지를 통한 금전 거래는 불법이 되었습니다. 옛날에는 우편배달부를 괴롭게 하고 우체국에 돈을 벌어다 주었던 이 행운의 편지들은 요즘은 인터넷의 발달과 함께 전자화되어 여전히 우리 곁에 남아 있습니다. 그러니, 여러분! 이제 이 책을 10명에게 추천하세요. 그렇지 않으면 다음 편을 쓰지 않겠어요!

16. 검은 레오나르도 다 빈치

― 노예로 태어나 '땅콩 박사'라 불린 조지 카버의 한없이 경건한 삶

꽤나 단단한 껍질을 비틀어 부순 후 붉은 빛의 속껍질을 손으로 살짝 문질러 벗기면 맨질맨질 고소한 땅콩이 그 모습을 드러냅니다. 한 입 톡 넣으면 심심풀이로도, 맥주 안주로도 안성맞춤인 이 땅콩은 오늘날 중국, 인도 그리고 미국에서 가장 많이 생산되고 있습니다.

미국에서 땅콩을 제일 많이 생산하는 곳은 남부 지방인데요. 미국의 남부라 하면 목화로 유명한 곳이었는데 언제부터 갑자기 땅콩을 재배하기 시작했을까요? 하얗게 빛나는 그 솜털 속에 흑인 노예들의 한과 눈물을 머금고 있던 목화 대신 노란 꽃망울 터트리며 화사하게 빛나는 땅콩이 자리 잡기까지에는 고난과 역경을 딛고 일어나 인종차별에 굴하지 않고 늘 남을 위해 봉사하며 연구한 한 남자의 땀방울이 가득 배어 있답니다. 그의 이름은 조지 카버(1864~1943)입니다.

조지는 남북전쟁이 일어나기 시작한 미국의 중서부에서 아주 허약한

아기 노예로 태어났습니다. 악독한 주인 밑이었다면 이런 비실거리는 아기는 쓸모없다며 버려졌을지도 모를 일이었지만 다행히도 조지의 어머니인 메리의 주인은 아주 친절한 사람들이었습니다. 주인인 모세스 카버는 농장을 운영하기 위해 노예를 샀으나 사람을 돈 주고 샀다는 것에 대해 늘 죄책감을 가지고 있었죠. 당시에는 노예를 납치해서 남부에 데려다가 팔아 큰 이윤을 남길 수 있었기 때문에 노예 상인들이 기승을 부렸는데 몰래 납치하는 정도를 벗어나 백인 주인들을 폭행하고 노예를 강제로 끌고 가기도 했습니다. 전혀 부유하지 않았던 카버 집안에도 이처럼 노예 상인들이 쳐들어왔고 카버 부부의 저항에도 불구하고 메리와 메리의 딸, 그리고 어린 조지는 납치되었습니다.

모세스 카버.

　모세스 카버는 잡혀간 메리를 구하기 위해 사람을 고용하고 땅까지 내놓겠다고 했지만 돌아온 것은 갓난아기 조지뿐이었죠. 그것도 쓸모없는 어린애라며 길에 있는 여자들에게 휙 버리고 간 것을 찾아온 것이었는데 아기 조지는 죽지 않은 것이 신기할 정도의 상태였습니다. 모세스 카버의 부인인 수잔은 조지를 끌어안고 밤낮으로 간호하며 조지의 형인 짐과 함께 보살폈습니다. 그러던 중에 노예 해방이 되자 모세스와 수잔은 조지와 짐을 계속 자기 자식처럼 키웠습니다.

　튼튼한 형과는 달리 아기 때부터 허약했던 조지는 마르고 잔병치레가 잦으며 말까지 더듬는 아이로 자라났습니다. 그래서 농사일을 거들 수 없었기 때문에 수잔과 함께 집안일을 맡았는데, 덕분에 조지가 가진 관찰력과 호기심이 크게 발휘될 수 있었습니다. 어린 아이일 뿐이었지만 식물 하나하나 나뭇잎과 꽃잎의 상태에 관심을 가졌고 시들시들하던 식물도 조지의 손을 거치면 금세 파릇파릇 되살아났지요. 조그만 꼬마가 손에 흙을 잔뜩 묻혀가며 신통방통하게도 죽어가는 나무나 꽃을 살려내니 온 동네 사람들은 조지에게 도움을 청하곤 했습니다. 요리에도, 식물에도, 그림에도, 음악에도 관심이 많은 조지에게 자연을 관찰만 하는 것은 그의 호기심을 모두 채워주지 못했고 조지는 너무나도 학교에 가고 싶었습니다.

하지만 때는 19세기 미국, 노예 해방이야 됐으나 아직도 '흑인이 인간인가'를 둘러싸고 토론(?)이 벌어지고 흑인과 같은 문조차 쓰지 않으려 드는 시기에 조지가 백인 아이들이 다니는 학교 밖에 없는 동네에서 학교를 갈 수 있는 가능성은 없었습니다. 수잔 카버가 조지에게 읽기와 쓰기를 약간 가르쳐주긴 했지만 그걸로는 샘솟는 배움의 갈증을 전혀 해소할 수 없었죠. 결국 조지는 14살 무렵에 샌드위치 하나와 옷가지 몇 개 달랑 싸들고 흑인 학교가 있는 동네로 무작정 떠났습니다.

어린 아이가 배우고 싶다는 열정 하나로 무턱대고 다른 동네로 떠나고, 그런 아이를 그냥 가라고 내버려두어도 별 일 없던 시절이니 신기하기도 하고 놀랍기도 하지요. 조지는 새로운 동네에 도착해서 학교를 보고 무척 신이 났지만 학교는 닫혀 있었습니다. 샌드위치도 다 먹은 조지는 '어쩌지?' 하다가 근처에 있는 마구간에서 잠을 청합니다.

마구간에는 당연히 주인이 있을 테니 아침에 잠에서 깬 조지는 마구간 주인 마리아 와킨스 아주머니를 만나게 됩니다. 마리아는 조지가 학

어린 시절의 조지 카버(왼쪽). 형 짐과 함께 찍은 사진(오른쪽).

교를 가기 위해 이곳까지 왔다는 얘기를 듣고 일을 도우면 방을 내주겠다고 하였고 조지는 그토록 원하던 학교를 다닐 수 있게 되었습니다. 이때 조지가 자신을 소개하면서 '카버 댁의 조지(Carver's George)' 즉 카버 집안에 속한 조지라며 노예처럼 자신을 소개하자 마리아는 "너는 자유로운 사람이니 앞으로는 조지 카버라고 자기소개를 하렴."이라고 말했고 그 뒤로 조지는 자신을 조지 카버라 소개합니다. 조지는 곧 이 학교에서 배울 것을 다 배우고 더 많은 것을 배우기 위해 다른 학교로 가게 되지만 마리아로부터 자신의 인생을 바꿀 이야기를 듣습니다. '배울 수 있는 것을 모두 배워서 사람들을 이롭게 하라' 는 것이었죠.

또 다른 학교를 찾아 새로운 지방으로 떠난 조지에게 일자리를 제공해 준 사람은 페인 부인이었습니다. 요리도 하고 집안일을 도울 사람을 찾던 페인 부인의 집에서 일하면서 조지는 요리에 대한 재능을 발견했고 동네에서 각종 상을 휩쓸 정도로 성장했습니다. 그렇게 번 돈으로 학교에 잠시 다니고 돈이 떨어지면 또 일을 하여 학비를 벌고 학교를 또

다니며 천천히 차근차근 학업을 지속해나갔습니다. 그러던 와중 백인들에 의해 흑인 남자가 산 채로 불에 태워지는 린치를 당하는 것을 보고 큰 충격을 받았지요. 그 뒤로 동네를 떠난 조지는 서부를 돌아다니며 일, 공부, 일, 공부, 일, 공부를 계속 반복하며 끝없이 공부했습니다. 공부에 대한 그의 열정은 정말이지 대단해서 때로는 너무 걸어 신발이 다 닳을까 봐 신발을 목에 걸고 걸을 정도로 열심이었습니다.

조지 카버의 삶을 보면 늘 옆에서 도움을 준 사람들이 있었고 그 역시 훗날 도움을 줌으로써 선행의 순환을 잘 보여줍니다. 조지가 새로운 동네에 도착했을 때도 시머 부부가 그를 채용하고 친절하게 대해주었습니다. 루시 시머는 아주 꼼꼼한 성격으로 세탁소를 운영했는데 조지가 성실하므로 그에게도 세탁소를 하나 내보라고 권했습니다. 조지 역시 꼼꼼한 성격이었기 때문에 그의 세탁소도 호황을 누렸죠. 한곳에 정착하였으니 우편물도 받고 해야 할 텐데 근방에 조지 카버라는 사람이 또 있어 우체국에서 혼란을 겪는 것을 보고 그때부터 이름 사이에 W.를 넣기 시작했습니다. 현재에 와서는 다들 조지 카버를 조지 워싱턴 카버라 부르지만 정작 본인은 평생토록 자신을 조지 워싱턴 카버라 부른 적이 없다고 합니다.

그러던 와중에 형이 천연두로 사망하였다는 소식이 들려왔습니다. 형의 죽음 앞에 엉엉 울고 난 조지는 자신이 이렇게 세탁소를 하며 안락한 삶에 안착할 것이 아니라 꿈을 이루어야겠다고 결심하고는 여러 대학에 입학 원서를 넣었습니다. 그리고 아주 기쁘게도 그중 한 대학에서 합격 통지서를 받습니다. 그러나 조지가 대학에 입학하기 위해 찾아갔을 때 대학 직원들은 그의 피부색을 보고 표정이 딱딱하게 굳어지며

노력하면 무엇이든 된다는 것을 보여준 조지 카버.

"우리는 흑인을 받지 않습니다."라고 말했죠. 아무리 노력해도 피부색으로 인해 받는 차별을 막을 수는 없었던 것입니다.

지식의 상아탑이라 불리는 대학에 들어가서 자신이 가졌던 모든 궁금증을 풀 수 있을 것이라 생각했던 조지에게 다른 것도 아닌, 노력으로는 도저히 바꿀 수 없는 피부색으로 인한 탈락은 큰 충격이었고 그는 농장에서 그토록 아끼는 식물들이나 돌보며 살기로 합니다. 그러나 시간이 흐르자 상처받은 그의 가슴은 공부를 향한 열정으로 다시금 불타올랐습니다. 결국 몇 년 뒤 그는 농장을 저당잡혀서 돈을 마련해 새로운 곳으로 또 떠나갔고 그곳에서 다시 한 번 대학에 갈 결심을 합니다. 이번에는 흑인과 백인은 동등하다고 믿는 총장이 있는 심슨 대학이었고 조지 카버는 그 대학의 첫 번째 흑인 학생으로 입학합니다.

미술에 관심이 많았기 때문에 회화 수업을 듣는 조지를 보며 처음에는 흑인 학생에 회의적이었던 교수도 늘 열심인 조지에게 호감을 가지

식물에 대해 깊은 관심을 가졌던 조지 카버는 그림에도 재능이 있었다. 사진은 「유카 글로리오사」를 그리고 있는 카버.

기 시작했습니다. 하지만 조지가 화가가 되는 것에 관심을 보이자 현실적인 조언을 해주었습니다. 흑인인 그가 그림만 그려서는 살기가 굉장히 힘들 것이라는 것이었죠. 낙심하는 조지에게 교수는 그러지 말고 식물에도 관심이 많으니 차라리 아이오와에 있는 농과대학에 가는 것이 어떻겠느냐고 하였습니다.

어릴 적부터 길가에 자라나는 것이라면 모두 들여다보았던 조지는 빛의 속도로 발전해 나가고 있던 농업 기술을 공부하기 위해 아이오와로 떠나게 됩니다. 조지가 가게 된 아이오와 농과대학은 훗날 미국의 농림부 장관을 몇 명이나 배출한 곳이랍니다. 부푼 꿈을 안고 대학에 들어갔지만 거기라고 해서 인종차별을 하지 않는 것은 아니었습니다. 사람들은 같은 테이블에 앉아 밥을 먹는 것조차 꺼렸고 조지는 지하실에서나 겨우 밥을 먹을 수 있었죠. 하지만 이것이 옳지 않다고 생각한 어

조지 카버가 그린 그림. 그림도 잘 그리고, 공부도 잘하고, 발명도 하고, 열정도 있고, 노력도 하고 괜히 '레오나르도 다 빈치'라 불린 것이 아니다.

느 부인의 도움으로 조지는 다른 학생들과 식당에서 밥을 먹었고 사람들은 점차 그에게 마음을 열어 친구도 사귈 수 있게 되었죠.

몇몇 친구들과 매사에 열심인 조지를 아끼던 교수들은 끈기와 인내로 아이오와에서도 일터와 학교만 오가며 크리스마스에도 일을 나갈 채비를 하는 조지를 위해 양복을 마련해주고, 돈이 없어 미술 전시회에 작품을 출품하지 못한 것을 알고 대신 출품해주며 여행 경비까지 챙겨주기도 했습니다. 이 미술 전시회에 출품된 조지의 작품 중 「유카 글로리오사」는 얼마 후 시카고에서 열린 '컬럼비아 세계박람회'에서 매우 환영을 받았죠. 그렇게 인종 차별의 아픔을 딛고 자기를 아껴주는 사람들을 만나 즐겁게 공부하던 조지는 1894년 대학을 졸업합니다. 여기까지만 해도 당시 흑인으로서는 엄청난 성공이었지만 조지는 거기에 안주할 생각이 없었고 곧이어 실험실 조교가 되어 대학원 공부를 계속합니다. 그리고 2년 뒤에 농학 및 식물 세균학 석사 학위를 따죠. 정말 쉴 틈 없이 노력하고 도전하는 놀라운 사람입니다.

실험 중인 조지 카버. 늘 발명과 실험에 몰두했던 조지 카버는 자신의 삶이 고독하니 결혼하면 아내가 불행해질까 우려하여 결혼도 하지 않았다고 한다.

깨끗하게 정돈된 실험실에서 온갖 식물들을 다 관찰하며 행복한 나날을 보내고 있었지만 조지 카버의 마음에는 늘 걸리는 것이 있었습니다. 노예인 어머니 밑에서 노예로 태어나 해방된 뒤에도 하류 인간 취급을 받는 흑인으로서, 그 흑인들 중에서도 많은 교육을 받은 지식인으로서 갖는 책임감이자 소원이었죠. 지금도 굶주리고 고통을 겪고 있는 수많은 흑인들이 피부색 때문에 고통받지 않고 자신이 원하는 삶을 살 수 있길 바라고 있었던 것입니다. 옛날에 조지를 받아들이고 챙겨줬던 마리아 아주머니의 말씀, "배울 수 있을 만큼 배워 남들을 이롭게 하라."는 말도 늘 가슴 한 켠에 남아 있었구요.

그런 조지 앞에 부커 T. 워싱턴이라는 사람의 연락이 닿습니다. 그는 흑인들을 위한 학교를 세운 사람으로 단순히 지식을 배워 손쉽게 일을 하는 것이 아니라 제대로 된 노동, 지식을 기반으로 한 노동을 통해 흑인들이 굳이 백인들 밑에서 소작농이나 하인으로 있지 않고 자립하여 살 수 있도록 하고자 하였습니다. 그렇다보니 당연히 교육자가 필요했고 농학 분야에서 승승장구하고 있는 조지에게 눈독을 들인 것은 당연한 일이었죠.

그렇게 조지는 남부로, 과거에도 당시에도 흑인들의 피와 땀으로 이룩된 땅으로 향했습니다. 남부의 사정은 좋지 않았습니다. 여전히 흑인들은 태양이 사정없이 내리쬐는 날에도 끝이 보이지 않게 펼쳐진 목화밭에서 땀을 흘리며 목화솜을 따고 있었죠. 다른 일을 하고 싶어도 아는 것이 없으니 도망칠 수도, 벗어날 수도 없었습니다. 사실 목화는 인간에게는 아주 유용하지만 토양의 영양분을 쪽쪽 빨아먹어버리는 무시무시한 식물입니다. 그런데 목화가 돈이 된다는 이유로 아버지부터 아들 손자에 이르기까지 줄곧 목화만 심어대고 있으니 땅은 황폐하다 못해 말라 죽어버릴 지경이었죠.

건물이 없어 자신의 방에 연구실과 강의실까지 차려야 했던 조지였지만 그는 곧바로 이를 해결하기 위해 나섰습니다. 일단 학생들에게 땅도 먹고 살아야 한다는 것을 알려주며 땅을 비옥하게 만들면 농작물도 잘 자란다는 것을 몸소 보여주고는 농부들을 불러 모아 가르쳤습니다. 해결 방법은 간단했죠. 올해는 목화를 심었다면 다음해에는 콩, 고구마, 메주콩, 땅콩 등을 심어야 한다는 것이었습니다. 하지만 당시에는 콩이나 땅콩을 잘 먹지 않았고 목화의 반만큼도 돈이 되지 않아 농부들은 말을 듣지 않았죠.

그러자 조지는 자신이 개간한 비옥한 토지에 목화를 손수 심었고 근

식물이야말로 그의 곁을 떠나지 않는 가족이었다.

방에서 보기 힘든, 게다가 학교가 있던 곳은 황무지였기에 더더욱 보기 힘든 엄청난 양의 목화를 재배해냈습니다. 사람들이 그것을 보고 조금씩 조지의 말에 따르자 조지는 흑인들의 삶을 더더욱 발전시킬 만한 것이 뭐가 있나 돌아보고 다녔습니다. 이때 조지가 한 것을 보면 우리가 재활용을 하고 리폼을 하는 것도 교육이 있었기에 가능한 것임을 새삼 실감하게 됩니다. 당시 사람들은 돼지기름도, 질긴 고구마도 사용할 줄 몰라 모두 그냥 내다버렸지만 조지는 돼지기름을 모아 비누를 만들고 고구마를 녹말로 만들고 채소를 말리고 고기를 오래 저장하는 방법 등을 강의했습니다. 글을 모르는 사람들에겐 한 명 한 명 붙잡고 하나하나 가르쳤죠. 이처럼 뛰어난 선생님이자 연구자였지만 조지는 교내 행정과 관리에는 영 소질이 없었습니다. 행정실 사람들과도 자주 부딪혀서 조지는 그들이 자신의 연구를 막는다고 투덜거렸고 행정실에서는 조지가 만든 프로그램을 수정하겠다고 나서고는 했죠.

조지가 이처럼 바쁜 생활을 하고 있는 동안 1892년 멕시코에서 텍사스 주를 통해 들어온 목화 바구미라는 해충이 조지의 동네를 향해 조금씩 다가오고 있었습니다. 무려 25년에 걸쳐 미국을 휩쓸어버린 이 해충 때문에 한때 남부에서는 밀린 세금이 무려 1억 달러에 달했습니다. 요즘에야 하도 여기저기서 억억, 해대니 적어보일 수도 있는 액수지만 당시 15달러만 있으면 3에이커(약 12,140제곱미터)의 땅을 살 수 있었으니 정말 어마어마한 액수의 세금이 밀렸다는 게 느껴지죠. 이런 해충이 점차 다가오니 농부들의 얼굴은 하얗게 질렸습니다. 그때 조지가 그들에게 조언했죠.

"땅콩을 심으세요."

요즘에야 땅콩을 볶아도 먹고 삶아도 먹고 구워도 먹고 땅콩버터로도 먹고 초콜릿 코팅도 해서 먹지만 당시 땅콩은 어린 애들이나 몇 개 주워 먹는 정도일 뿐 사람들이 별로 관심을 갖지 않는 하찮은 식물이었습니다. 당연히 아무도 조지의 말에 귀를 기울이지 않았죠. 땅콩이야말로 땅에 다시 기운을 불어 넣어주고 목화 해충으로부터 피해를 막을 수 있는 방법이라는 조지의 말에 사람들은 "그렇다 쳐도 도대체 그 많은 땅콩을 심어서 어디다 쓴단 말이오?"라고 반문했습니다. 그것도 그렇지요. 그렇게 드넓은 농장에 땅콩을 죄다 심어 놓으면 애들한테 간식만 먹고 살라고 할 수도 없고 누가 간식으로 땅콩을 그리 많이 살 것도 아니고 말이죠. 그러자 조지는 땅콩을 이용한 요리를 105가지나 만들어

버려졌던 노예에서 당당히 대학 교수가 된 조지 카버. 맨 앞 줄 가운데에 앉아 있다.

발표하고는 그래도 허구헌날 땅콩만 먹을 수는 없다는 말에 땅콩으로 수많은 발명품들을 만들기 시작했습니다. 이 때문에 조지 카버가 얻은 별명이 '땅콩 박사' 랍니다.

조지 카버가 땅콩으로 만든 것들은 지금 우리가 봐도 놀라운데요. 땅콩을 사용한 것만 해도 구두약, 기름, 우유, 종이, 샴푸, 표백제, 연탄, 단열제, 광택제, 연고 등 285개의 발명품이 있습니다. 그 밖에도 썩은 고구마에서 30여 종의 색소를 만들어 내는 등 고구마를 이용해서 118개의 발명품을 만드는가 하면 목화를 이용해 도로 공사에 쓰기도 하고 진흙에서 페인트를 만들고 그저 잡초라고 뽑히기만 했던 250여 종 잡초들의 효능을 연구해 정리하기도 했죠. 그래서 1941년 「타임」지는 조지 카버를 '검은 레오나르도 다 빈치' 라 부르기도 했습니다. 뛰어난 화가이자 발명가이자 음악가에 심지어 요리까지 좋아했으니 정말이지 적절한 비유네요. 카버의 수많은 발명 덕분에 땅콩은 수지맞는 장사가 되어갔고 점차 땅콩을 재배하는 농가가 늘어나기 시작했습니다. 그와 동시에 외국에서 수입되는 땅콩이 국내 농부들을 위협했죠. 조지는 그들을 돕기 위해 미국 의회에 나가 땅콩을 수입할 때 관세를 매기도록 연설을 하기도 했습니다.

이처럼 사람들을 척척 돕는 발명들을 하고 자신에게 궁금한 것이 있어 찾아오는 사람들을 하나하나 정성껏 돕다보니 자연스럽게 유명해졌고 많은 유명인들이 조지를 찾아오기 시작합니다. 시어도어 루즈벨트, 캘빈 쿨리지, 프랭클린 루즈벨트 등 미국 대통령들과 친분을 쌓은 것을 비롯해서 마하트마 간디와는 인도 국민들이 먹을 채소에 대해 편지를 주고받는가 하면 '자동차 왕'이라 불리는 헨리 포드와도 아주 친하게 지냈습니다. 헨리 포드와 조지 카버는 함께 연구하여 지금까지도 전 세계 고무 사용량의 1/3에 이르는 인공 합성고무를 만들기도 했고 조지 카버가 나이가 들어 계단을 오르기 힘들어 하자 헨리 포드는 곧바로 사람을 보내 엘리베이터를 설치해주기도 했습니다. 헨리 포드는 조지 카버를 진심으로 존경하여 그의 이름을 딴 학교를 세우기도 했고 "현존하는 과학자들 가운데 에디슨의 뒤를 이을 최고의 과학자는 카버 박사입니다."라고 말했습니다.

노년이 되어서야 세상은 카버 박사에게 인종 차별을 하지 않았습니다. 오히려 흑인과 백인이 같은 장소에서 수업을 들을 수 없다는 법 때문에 백인 학생들은 흑인 학생이 수업을 듣지 않는 때를 기다리는 등 카버 박사의 강연을 들으려고 안달을 했지요. 미국의 위대한 과학자이자 '검은 레오나르도 다 빈치'라는 칭송을 듣던 조지 카버는 조용히 살다가 1943년 잠들 듯 평온하게 세상을 떠났습니다.

노년의 조지 카버. 나이가 들어도 그의 열정은 전혀 사그라들지 않았다.

세상이 모두 등을 돌리고 스스로 바꿀 수 없는 타고난 것을 가지고 비웃으며 폄하할지라도 자신의 열정을 불태우고 노력하면 이 세상을 바꿀 수 있다는 것을 몸소 보여준 조지 카버 박사의 삶은 우리 스스로를 돌아보게 합니다. 앞으로 땅콩을 보면 그 땅콩 한 알 한 알 덕분에 자립하여 살아갈 수 있었던 많은 사람들의 눈물과 땀이 배어 있다는 걸 기억해주세요.

17. 셜록, 요정을 믿나요?
– 코난 도일을 둘러싼 유령선 이야기와 요정 소동

영국 문학에서 냉철함과 논리적인 주인공이라 하면 많은 이들이 셜록 홈스를 떠올릴 것입니다. 추리 소설하면 생각나는 셜록 홈스는 탄생부터 지금까지 전 세계적으로 수많은 광팬들을 거느리며 하나의 아이콘이 되었습니다. 셜록 홈스가 산다고 설정되어 있는 런던 베이커 가의 기차역은 온통 셜록 홈스의 실루엣으로 도배가 되어 있고 수 차례 영화화되기도 했으며 영국의 BBC 방송에서는 셜록 홈스를 현대식으로 재해석한 드라마 「셜록Sherlock」을 2010년부터 방송하여 폭발적인 인기를 끌고 있기도 하지요.

셜록 홈스가 어찌나 인기가 있었냐면 작가 아서 코난 도일(1859~1930)이 작품 속에서 셜록 홈스를 죽이자 영국 사람들은 고인에 대한 조의를 표하겠다고 검은 리본을 달고 다녔고 코난 도일이 산책하는 것을 본 노부인이 '살인자'라며 우산으로 때리기도 했다고 합니다. 전 세계에서 항의 편지가 빗발치자 결국 코난 도일이 두 손을 들고 「셜록 홈스의 귀환」(1904)을 써서 홈스를 되살려냈으니 어느 정도의 인기였을지 상상이 가죠.

그야말로 명석한 두뇌, 냉철한 이성, 인간적인 모습에서만 약간의 결함이 느껴지는, 그리고 그것이 더욱 매력적으로 다가오는 셜록 홈스. 그렇다면 셜록을 낳은 '아버지' 아서 코난 도일도 비슷한 성격을 갖고 있었을 거라 생각할 수 있겠습니다. 실제로 아서 코난 도일은 의사였고 추리 소설의 대가이기도 했지만 나이가 들수록 그의 마음은 냉철함이나 논리와는 약간 거리가 먼 강령술, 강신론, 요정 등에 빠져들었습니다.

셜록 홈스의 아버지, 아서 코난 도일.

아서 코난 도일이 빠져들었던 심령주의는 영매를 통해 영혼과 대화하는 것이 가능하다고 믿었던 것으로 그의 노년을 보면 왜 사후 세계나 영혼과 대화하는 것을 그토록 간절히 믿고 싶어 했는지 이해가 안 되는 바는 아닙니다. 아버지도, 첫 번째 부인도, 아들도, 조카들도, 친척들까지 코난 도일이 사랑하던 많은 사람들이 너무나 일찍 세상을 떠났고 감당할 수 없는 슬픔이 자꾸만 닥쳐오니 코난 도일은 심령술에서 위안을 찾았던 것이었죠. 코난 도일은 1930년에 사망하기 15년 전쯤부터 심령술에 관한 책만 무려 15권을 집필했으며 관련 강연도 전 세계를 돌아다니며 했습니다. 그렇다면 우리도 아서 코난 도일이 관심을 가졌던 사건들에 대해 알아봅시다.

사랑하는 가족과 함께 있는 코난 도일(1922).

첫 번째는 유령선 미스터리에 관한 것입니다. 때는 1861년, 「아마존」이라는 배가 한 척 만들어졌습니다. '세계 역사상 가장 불행한 유령선'이라 불리는 배의 탄생이었죠. 심지어 훗날 배의 주인이 '내가 지금까지 들어본 불운한 배 중에 이게 최고다'라고 할 정도였으니까요. 「아마존」호는 무려 8명의 투자자가 있을 정도로 엄청난 희망을 품고 만들어진 범선이었지만 시작부터 영 조짐이 좋지 못했습니다.

첫 번째 선장이었던 로버트 맥렐런 씨는 선장이 된 지 채 2주도 되지 않아 폐렴에 걸리더니 첫 항해에서 바로 사망하였고 두 번째 선장은 낚싯배를 들이받았으며 얼마 뒤에는 배에 불이 나질 않나, 그 다음에는 바다에서 배끼리 충돌 사고를 내서 선장이 해고당하는 등 만들어진지 7년밖에 안 된 배가 별의별 사고가 다 나다가 폭풍에 좌초까지 당하더니 결국 미국으로 팔려가게 됩니다. 바다라는 곳이 워낙 위험하고 무서운 곳

처음 만들어졌을 때는 「아마존」 호라 불렸던 「메리 셀레스트」 호.

이라 약간이라도 불행의 조짐이 보이면 사람들이 수많은 미신을 떠올리며 불안해했기 때문에 「아마존」 호는 「메리 셀레스트」 호로 이름을 바꾸었지요. 이리저리 부딪히고 사고도 많이 났으니 배가 영 비실거린다 생각해서 튼튼하게 수리도 했고요. 그런 후 얼마 뒤인 1872년, 「메리 셀레스트」 호에는 새로운 선장이 생기게 됩니다.

그의 이름은 벤자민 브리그스. 거의 평생을 바다에서 살아온 남자로 부인과 아들 딸을 둔 가장이었죠. 경험도 많고 유능한 선장이었던 그가 「메리 셀레스트」 호를 타고 뉴욕에서 제노바까지 가게 되자 부인과 딸도 동행하기로 했습니다. 딸은 아직 꼬꼬마여서 우리 나이로 3살 정도였지요. 아들은 학교 가야 하니 함께 갈 수 없었고 아마 부인은 딸과 함께 제노바 여행이라도 할 생각이 아니었을까 싶습니다.

출항하는 「메리 셀레스트」 호에는 알코올 원액 등의 화물이 가득 실렸는데 당시 화물 가치만 무려 3만 5천 달러였다고 합니다. 그렇게 브리그스 선장과 그의 부인과 어린 딸, 그리고 선원 등 모두 합해 10명의 다국적 사람들이 「메리 셀레스트」 호를 타고 1872년 11월 5일에 출항하였습니다. 다들 웃고 떠들며 출발했지만 그 뒤로 「메리 셀레스트」 호보다 늦게 출발한 배는 무사히 도착했는데도 「메리 셀레스트」 호는 도착하지 않았습니다. 시간이 흘러 한 달이 넘었는데도 배가 도착하지 않자 사람들은 걱정을 하기 시작했죠. 그러던 와중 포르투갈에서 1,000킬로미터나 떨어진 곳에서 브리그스 선장의 친구가 선장으로 있던 배가 「메리 셀레스트」호를 발견했습니다.

배의 상태는 매우 수상쩍었습니다. 약간 기울어 있기도 하고 돛도 좀 찢어져 있고 신호를 보내도 응답하는 사람이 아무도 없었죠. 주변에서 관찰하던 그들은 결국 배에 올라탔습니다. 갑판에는 물이 고여 있고 화물칸에도 물이 좀 차 있었지만 배가 가라앉을 정도는 아니었습니다. 물론 가라앉을 정도였다면 이미 못 찾았었겠지만 말이죠.

그런데 정말 희한했던 것이 분명 배 안에는 단 한 명의 사람도 없었는데 왜 없어졌는지를 알 만한 아무런 단서가 없었습니다. 보통 선장을 포함해서 배의 모든 선원과 승객이 감쪽같이 없어지는 경우는 종종 있을 수 있는 일이죠. 배와 함께 침몰할 수도 있고 해적의 습격을 받아 전원 몰살당할 수도 있고 식량이 떨어져 굶어 죽을 수도 있고 바다 위이긴 하지만 불이 날 수도 있습니다. 그런데 신기하게도 배는 아주 깔끔했고 그 어디에도 폭력이 휘둘러졌거나 싸움이 났다는 흔적이 전혀 없었으며 식량은 무려 반년 동안 지낼 수 있을 만큼 남아 있었습니다. 해적이 왔다 갔다고 보기에는 사라진 것은 사람들뿐이고 돈도 화물도 선원들의 소지품도 모두 그대로였습니다. 난간에서 핏자국이 발견되기도 했지

발견된 「메리 셀레스트」호. 발견될 당시 배의 모습을 그린 것으로, 앞의 그림과 비교해보면 배가 급격히 후줄근해진 것을 알 수 있다.

만 아주 적은 양이라 싸움의 흔적으로 볼 수가 없었습니다. 심지어 담배와 파이프도 그대로 남아 있었기 때문에 배를 조사한 선원들은 배에 있던 사람들이 아주아주 다급하게 어디론가 달아난 것이 틀림없다고 생각했다고 합니다. 왜냐하면 그 어떤 선원도 죽기 직전이 아닌 이상 담배와 파이프를 버리고 갈 리가 없다면서요!

하지만 선장의 일지를 제외한 모든 서류들이 사라졌고 나침반은 부서져 있었으며 시계도 고장나 있었습니다. 그리고 배의 구명정도 없어졌죠. 항해일지를 보니 약 20일 동안의 항해 내용은 꼼꼼하게 적혀 있었는데 그 이후 왜 갑자기 다들 사라졌는지 알 수가 없었습니다. 발견된 것이 열흘 뒤니 열흘 동안 무려 1,230킬로미터가 넘는 거리를 배가 혼자서 항해를 해온 거네요. 결국 사람들이 없어진 이유는 알지 못한 채로 배는 항구로 돌아왔는데 실렸던 1,701통의 알코올 원액은 9통만 빼고는 아주 멀쩡한 상태였습니다. 다만 9통은 텅텅 비어 있었죠.

　도대체 왜 사람들이 모두 없어진 것인지 알 수 없었기에 당시에도, 그리고 오늘날까지도 다양한 추측이 쏟아져 나오고 있답니다. 처음에 가장 그럴듯해 보였던 것은 당시에 많이들 하던 보험 사기였는데 문제는 화물 팔아 돈 버는 것이 이런 사기 치는 것보다 훨씬 돈을 많이 번다는 것이었죠. 두 번째는 해적의 습격이었지만 싸운 흔적도 없고 훔쳐간 것도 없고 시체도 없으니 그리 큰 지지는 받지 못했죠. 「메리 셀레스트」호를 발견한 배가 사실은 사람들이 다 있는 채로 발견했는데 싸움이 나서 전원을 살해하고 아닌 척한다는 얘기도 조사 위원회에서 나왔습니다. 하지만 그런 말을 뒷받침해주는 증거도 없었고, 배를 발견한 선원들은 굉장히 기분 나빠했다고 합니다. 기껏 배 찾아서 끌고 왔는데 살인자 취급이라니 기분 나쁠 만도 하죠. 게다가 발견한 배의 선장은 「메리 셀레스트」호의 선장과 그 가족들과 출항 전날 다 같이 만나 저녁을 함께 먹을 정도로 친한 사이였으니까요.

　그 밖에도 배에 물이 차기 시작한 것을 보고 배가 가라앉을 것이라 착각하여 달아난 것이라는 주장도 있으나 선장이 굉장히 경험이 많은 사람이었으니 말이 안 되는 이야기라고 합니다. 물론 그 배에는 어리디 어린 막내딸이 타고 있었으니 딸의 안전 앞에서 아버지가 잠시 패닉 상태가 되었을 수도 있겠지요. 또는 외계인 납치라든지 버뮤다 삼각 지대, 미스터리한 소용돌이 설 등도 있습니다.

　그중 가장 그럴듯한 것은 텅 비어 있던 9통의 알코올 원액이 사건 당시에 새어나오면서 기화되었을 것이라는 가설인데, 그렇게 되면 배에 타고 있던 사람들은 아주 작은 스파크만 일어나도 폭발할 수도 있을 거라는 생각이 들었을 것입니다. 그렇다면 연이어서 무려 1,701통의 알코올 원액이 다같이 펑, 펑, 펑~!! 터져버릴 수도 있겠죠. 아이까지 있는데 그런 위험을 감수할 수 없었기에 선장이 모두 구명정에 올라타라고 명령하고 배와 밧줄을 연결해 두었는데 급하게 도망치면서 실수로 밧줄을 헐겁게 묶어 두어서 또는 끊어져서 표류하게 된 모든 사람들이 떠나가는 배를 잡지 못해 결국 죽었다는 설입니다. 실제로 배에 연결된 밧줄 하나가 너덜너덜해진 상태로 뱃전에 걸려 있는 것을 발견하기도 했지요. 그 밖에도 지진이나 폭우 등의 가설도 있습니다.

워낙에 유명해진 얘기라 아서 코난 도일도 이 사건과 관련하여 1884년 「J. 하버쿡 젭슨의 증언_J. Habakuk Jephson's Statement_」이라는 단편소설을 쓰기도 했지요. 그때는 코난 도일이 아직 심령술에 깊이 빠져 있을 때는 아니었지만 이 단편소설 덕분에 「메리 셀레스트」 호의 미스터리가 더욱 유명해졌고 많은 사람들이 이 소설 속 내용이 과장이라곤 없는 사실 그대로인 줄 아는 사태가 일어납니다. 그래서 지금도 간혹 「메리 셀레스트」 호에 선원들이 올라갔을 때 배는 완벽한 상태였다든지 구명보트도 그대로 있었다든지 음식과 차가 있었는데 차는 여전히 온기를 간직하고 있었다는 등의 이야기가 전해옵니다.

보험 사기라고 생각했던 경찰들이 한동안 여러 항구들을 주시했지만 그때도 지금도 사라진 선원들과 선장 가족의 흔적은 전혀 발견되지 않았습니다. 이 배는 이후에도 선주가 무려 17명이 바뀌면서 10여 년 이상 운항되었고 1885년 각종 잡동사니를 가득 싣고는 암초에 들이 박혔는데 이번에야말로 실수가 아니라 진짜 보험 사기극이었습니다. 저주받은 배라고 소문난 배로 보험 사기를 치는 패기가 놀랍죠? 보험 사기를 쳐서 법정에 섰던 선장은 당시 보험 사기에 대한 처벌치고는 지나치게 무거운 '사형'을 선고받았는데 이것이 배심원들의 동정심을 사서 무죄 평결을 받았습니다. 하지만 기쁨도 잠시, 선장은 석 달 뒤 사망했습니다. 「메리 셀레스트」호의 저주가 끝이 없었던 모양이지요.

두 번째 이야기이자 코난 도일이 관심 가진 사건 중 가장 유명한 것은 바로 '코팅레이 요정 사건'입니다. 약 100년 전인 1917년에 있었던 일이랍니다. 당시 9살이었던 프랜시스는 엄마와 함께 남아프리카공화국에서 영국으로 이사를 와 삼촌 집에 머물게 되었습니다. 그곳에는 16살인 사촌 언니 엘시가 있었죠. 두 여자아이는 곧 아주 친해졌고 아이들이 즐겁게 뛰어놀 만한 들판과 계곡이 사방에 있던 코팅레이 지역은 아이들의 상상력을 자극하기에 충분했습니다.

언제부턴가 두 아이들은 특히 집의 정원에 흐르는 시냇가에서 놀고 돌아와 요정들과 함께 놀았다고 이야기하곤 했습니다. 아이들의 말을 어른들이 헛소리 취급했기 때문에 아이들은 발끈하며 엘시 아버지의 카메라를 빌려달라고 부탁했죠. 요정의 존재를 사진으로 증명하겠다는 아이들의 말이 재미났던지 아버지는 흔쾌히 카메라를 빌려주었습니다. 얼마 지나지 않아 아이들은 요정 사진을 찍었다며 신이 나서 돌아왔고 사진에 관심이 아주 많아 집 안에 암실까지 갖추고

엘시와 프랜시스.

소녀와 요정들의 첫 번째 사진. 당시 이 한 장의 사진 때문에 온 영국이 떠들썩했다.

있던 아버지는 곧바로 사진을 현상해보았습니다.

물론 지금 보기엔 '에이, 뭐야~ 합성이네!' 싶으신 분들이 많으시겠죠. 당시 엘시의 아버지도 엘시가 워낙 사진에 관심도 많고 장난기도 가득했기에 무조건 장난이라고 생각하고 깜찍한 아이들이네, 하고는 잊어버렸습니다. 아버지가 생각보다 별 반응이 없자 기분이 상했는지 아이들은 두어 달 뒤에 다시 카메라를 빌려가서 사진을 찍어 왔습니다. 이번에는 땅의 요정인 노움이 찍혀 있었습니다.

와! 실제라면 마법사나 다름없겠지요. 하지만 실제고 자시고 카메라를 애지중지하던 아버지는 이 사진을 보고 "내 카메라 갖고 장난치지 마!!"라며 카메라를 빼앗아 가버리셨지요. 하지만 사진을 본 어머니는 낭만 소녀였는지 "어머나 요정이라니!" 하며 아이들이 진실을 말하고 있는 거라 믿었습니다.

그로부터 1년쯤 뒤 초자연주의에 관한 세미나에 참석한 엘시의 어머니는 아이들의 사진을 연설자에게 보여주었고 요즘도 UFO 사진들이 큰 인기를 끌고 심령 사진들이 주목을 받듯 요정 사진 역시 많은 이들의 관심을 받게 되었습니다. 더군다나 사진이 가짜가 아닌지 감정을 부탁

두 번째 사진. 땅의 정령 노움과 함께 있는 모습이 찍혔다고 주장한 모습이지만 손가락이 지나치게 길게 나와 의심을 받았다.

받은 사진가가 이것은 그 어떤 장난도 들어가지 않은 진짜 사진이라고 확언하면서 온 영국이 떠들썩해졌죠. 요정이라 하면 작고 날개가 있고 순수한 영혼들 앞에서만 모습을 보인다는 이미지와 너무나 걸맞게도 코팅레이 요정들은 어린 소녀들이 햇볕이 내리쬐는 정원에서 홀로 놀 때만 나타났으니 한번 믿기 시작한 사람들은 정말 철석같이 진짜라고 믿어버렸고 몇몇은 사진에 아주 큰 관심을 보였죠.

그중 이 사건에 가장 큰 관심을 보였던 것은 바로 셜록 홈스의 아버지, 아서 코난 도일 경이었습니다. 사건이 일어났던 시기에는 이미 아서 코난 도일은 셜록 홈스로 엄청난 인기를 얻고 당대 최고의 인세 수입을 자랑하던, 그야말로 유명 작가로 그의 이름을 모르는 사람은 간첩일 정도였습니다. 그런 아서 코난 도일 경이 사진에 관심을 보이자 그때까지 시큰둥했던 엘시의 아버지는 눈이 휘둥그레졌고 사진의 출판을 허

세 번째로 찍힌 요정 사진.

락했다고 합니다. 코난 도일 경은 요즘도 사진으로 유명한 코닥 사에 사진이 진짠지 가짠지 검증해달라 부탁했고 비록 사기라는 증거는 찾지 못했지만 코닥 사에서는 진짜라는 증명서를 발급하는 것은 거절하였습니다. 아마도 사진이 가짜라는 증거는 못 찾겠지만 요정이 있을 리 없으니 이 사진은 가짜일 것이다, 정도의 생각 아니었을까요?

1920년, 코난 도일 경은 셜록 홈스 시리즈를 연재하던 잡지「스트랜드 매거진」에 이 사진들과 요정의 존재에 관하여 아주 열정적인 글을 썼고 이는 며칠 만에 매진되었습니다.「스트랜드 매거진」은 셜록 홈스가 사망한 글이 실렸을 때 구독자 그래프가 급전직하할 정도로 코난 도일의 팬들이 많이 구독하던 잡지라 반응은 더더욱 열광적이었죠. 그리고는 코난 도일 경의 유명세와 (가짜가 아니라고 확인되었다는) 놀라운 사진

네 번째로 찍힌 요정 사진. 요정의 옷이 지나치게 세련된 것 같아 수상하다는 지적을 받았다.

이 주는 충격이 결합되어 전 유럽이 떠들썩해졌습니다.

1920년 8월, 신지학회의 임원인 가드너가 아이들에게 혹시 요정 사진을 더 찍어올 수 있겠느냐며 카메라를 주고 함께 가려 합니다. 그러자 아이들은 우리끼리만 있어야 요정 사진을 찍을 수 있다고 버텼고 결국 어른들은 모두 집을 비운 채로 아이들만 남겨두었습니다. 아이들은 얼마 후 요정의 사진을 찍어왔지요.

언제나 사람들에게 초자연주의와 심령술에 대해 전파하고 싶어 안달이 나 있던 코난 도일은 새로운 증거에 뛸 듯이 기뻐하며 「스트랜드 매거진」에 새로운 글을 썼습니다. 그는 사람들이 이 새로운 사진들을 보고 요정의 존재를 믿게 되기를, 알게 되기를 간절히 바랐지만 의심쩍게 바라본 사람들의 눈에는 수상한 점이 한둘이 아니었습니다.

두 번째 사진에서 손가락이 왜 저렇게 말도 안 되게 길게 나왔을까?

일광욕 중인 요정들. 엘시와 프랜시스가 마지막까지 진짜라고 믿었다는 사진이다. 끝까지 지키고 싶었던 그들만의 비밀이었을까.

요정의 배에 배꼽이 다 있네? 요정도 엄마 뱃속에서 태어나나? (하지만 코난 도일 경은 요정이 인간과 동일한 방식으로 태어난다고 이 사진을 증거삼아 주장합니다) 네 번째 사진의 요정은 어쩜 저리도 최신 유행의 옷을 입고 있는 걸까? 등등이었죠. 요즘으로 치자면 런웨이를 걷고 있는 모델 같은 차림새의 요정인 것일까요?

1921년쯤 되자 이 사진들에 대한 관심도 모두 시들해졌습니다. 사건이 다시 수면 위로 올라온 것은 무려 1978년이 되어서였습니다. 요정들의 모습이 1915년에 출간된 『메리 공주의 선물책 Princess Mary's Gift Book』에 등장하는 일러스트와 심히 비슷하다는 주장이었죠. 5년 뒤인 1983년, 그때까지 늘 사진들의 정체에 모호한 대답만 해왔던 둘은 그 책에 등장한 요정 일러스트를 엘시가 따라 그린 것이라고 인정합니다.

1985년에 인터뷰에 응한 두 사람의 말에 의하면 별 생각 없이 장난으로 시작한 일이었는데 아서 코난 도일 경까지 속아 넘어가자 도저히 장난이었음을 밝힐 수 없었다고 합니다. 자신들도 어떻게 그 많은 사람들이 속아 넘어간 건지 신기하다고 털어놓았습니다. 다만 두 사람 모두 죽

아들 에이드리언과 함께 있는 코난 도일의 모습. 영원한 명탐정 셜록 홈스를 우리에게 선사해준 코난 도일은 이 사진을 찍은 1930년에 먼저 떠나간 사랑하는 이들이 기다리고 있을 하늘나라로 떠났다.

을 때까지도 진짜 요정을 찍은 것이라 믿은 사진이 있었는데요. 그들이 찍은 마지막 사진이었습니다. 아서 코난 도일 경은 1930년에 사망했기 때문에 그 요정 사건이 아이들의 장난인 줄은 꿈에도 모르고 이를 요정과 초자연적인 세계가 존재하는 증거라고 생각해 「요정들의 도래The Coming of Fairies」를 1922년에 집필하였습니다.

이 외에도 영혼과 소통할 수 있다고 주장했던 폭스 자매가 있었습니다. 이들은 발의 관절로 소리를 내면서 마치 귀신과 대화하는 듯한 모습을 연출하여 많은 초자연주의자들이 열광하였습니다. 하지만 얼마 후 이들도 자신들이 만들어낸 소리이며 영혼과 대화한 것은 아니라고 밝혔죠. 그들을 믿은 사람들은 매우 화를 냈는데 재미있게도 자신들이 속았다는 이유로 화를 낸 것이 아니라 오히려 영혼과 대화한 것이 맞는데 아니라고 하지 말라며 화를 낸 것이었습니다. 그처럼 분노를 표출한 이 가운데 한 명은 우리의 코난 도일 경이었죠. 그는 그 어떤 것도 자신의 의견을 바꿀 수 없을 것이라며 우리를 보이지 않는 세계와 연결하는 것이 가능하다고 주장하였습니다.

아서 코난 도일 경이 영매들을 지나치게 믿자 미국 출신 마술사이자 초자연주의를 반대하던 친구 해리 하운디니가 다들 속임수를 쓰는 것이라고 알려주었지만 코난 도일 경은 오히려 역으로 마술사인 친구가 영매 기질이 있다고 생각할 정도였죠. 결국 두 사람은 이견을 좁히지 못하고 사이가 멀어집니다.

세상 사람들을 놀라게 하고 들었다 났다 하며 추리 소설의 묘미를 알려준 아서 코난 도일이, 셜록 홈스의 아버지답게 실제로도 해결 안 된 사건을 추리를 통해 실마리를 안겨주던 그가 노년에는 귀신과 요정과 정령에 푹 빠져 지냈다니, 참 의외입니다. 하지만 그 내면에는 그가 한없이 사랑했던 사람들의 죽음에 고통스러워 하며 단 한 번이라도 그들과 이야기를 나누고 다시 한 번 웃어보고 싶었던 애절한 마음이 느껴져 가슴이 아립니다. 우리 역시 먼저 떠나보낸 사랑하는 이가 있다면 단 한 번만이라도 다시 보고 싶어 하는 마음은 다 똑같을 테니까요.

18. 처칠의 시계를 훔친 왕
— 이집트의 마지막 왕 파루크 1세의 기행과 악덕

"혁명가의 삶에서 가장 위대한 순간은 방금 떠난 왕의 궁을 걸으며 전 주인의 물건들을 만지기 시작하는 때일 것이다." [주21]

한 왕조의 마지막 왕. 어떤 이유로 왕좌에서 물러나게 되었든 '마지막'이라는 단어가 주는 느낌은 꽤나 비장하고 쓸쓸합니다. 그나마 시대의 흐름에 수긍하며 품위 있게 왕위에서 내려오는 왕이 있는 반면에 질질 끌려 내려오다 못해 목이 달아나는 왕도 있고 잽싸게 외국으로 달아나버리는 왕도 있지요.

이번 이야기에 등장하는 왕은 그야말로 유구한 역사를 자랑하는 이집트 왕조의 마지막 왕 파루크 1세(1920~1965, 재위 1936~1952)입니다. 먼 고대부터 기나긴 역사를 이어온 이집트, 그 마지막 왕은 참으로 독특했습니다. 워낙 특이한 사람이어서 이집트 사람들이 왕정을 버리고 공화정으로 가고 싶도록 만든 유일한 이유가 이 왕이라고 하기도 합니다. 길게 잡으면 근 1만 년에 가까운 역사를 자랑하는 이집트는 지구상 어느 곳보다 일찍 문명을 꽃피우고 찬란한 문화를 뽐내왔지만 파루크가 고작 16살의 나이로 왕위에 오를 때는 이미 그런 영광을 잃은 지 오래였습니다. 파라오라 불리며 한때는 신과 동일시되던 이집트의 왕이었지만 때는 20세

이집트 왕조의 마지막을 초라하게 장식한 왕, 파루크 1세는 독특한 성격과 행동으로 국민들을 놀라게 했다.

기, 거대하게 성장하는 유럽과 미국의 무력 앞에서 이집트는 그저 약소국 중 하나일 뿐이었습니다. 오스만 제국에게 오랜 기간 시달리다 속국에서 풀려났지만 돈도 없고 힘도 없고 심지어 1881년, 국내에서 일어난 반란을 스스로 해결하지 못해 영국이 얼씨구나 하고는 도와주겠다며 들어와서 반란을 진압해주고는 아예 이집트를 영국의 보호령으로 만들어버렸죠.

1922년 이번에야말로 제대로 된 독립을 하나 싶었지만 제1차 세계대전이 터져버렸고 이를 핑계 삼아 영국은 이집트를 좋게 말하면 보호, 나쁘게 말하면 식민지화시켜버립니다. 제1차 세계대전 당시 강대국들은 '힘센 놈이 다 갖는 것이 자연의 법칙'이라며 힘없고 약한 나라들을 마음대로 점령하는 것이 일반화되어 있었습니다. 그러던 와중에 미국의

윌슨 대통령이 종전 후 세계의 질서를 위해 내세운 〈14개조〉는 약소국들에게 새로운 희망을 불러일으켰지요. 이 〈14개조〉에서 이집트에 큰 영향을 미친 것은 민족자결주의인데 이것은 한마디로 말하면, 한 민족이 자기들이 죽을지 살지, 또는 어떻게 살지 그 정치적인 운명을 스스로 결정할 권리가 있고 다른 민족은 상관할 필요가 없다는 것입니다. 이에 이집트 사람들은 '우리 이집트야 망하든 말든 너희 영국은 이집트에서 손을 떼라'는 주장을 하게 되었죠.

'동방의 별'이라 불린 94.80캐럿짜리 다이아몬드(맨 아래 보석). 파루크가 망명길에 오르면서 대금도 치르지 않아 보석상은 오랜 기간 법정 싸움을 해야만 했다.

　결국 1936년 이집트는 드디어 '독립국'이 되었습니다. 물론 강대국이 '꿀단지' 이집트에서 완전히 손을 떼진 않았고 정치적인 영향력은 여전히 있었으며 수에즈 운하에도 영국군이 주둔하고 있었습니다. 같은 해, 선왕인 푸아드 1세가 죽고 영국에서 교육을 받아온 16살 소년 파루크가 이집트 왕위에 오릅니다.

　파루크 1세는 호리호리한 몸과 앳된 얼굴에 이집트 왕 중 최초로 즉위하면서 대중 매체인 라디오를 통해 직접 대국민 연설을 해서 국민들의 인기를 끌었지만 그의 치기어린 행동이 차츰 드러나면서 국민들은 등을 돌리게 됩니다. 사치, 향락, 도박 등등 못된 지도자가 저지를 수 있는 온갖 나쁜 짓이란 나쁜 짓은 모조리 골라 했거든요. 국민의 세금으로 이루어진 온갖 부를 누리면서도 툭하면 유럽으로 날아가서 어마어

이혼한 첫째 부인과 첫째 딸.

마한 액수의 돈을 펑펑 쓰고 오질 않나 도박에 부를 탕진하기도 하면서 쿠데타에 명분을 제공했지요. 이 쿠데타는 1952년에 일어났는데 1951년에는 무려 94캐럿짜리 '동방의 별'이라는 다이아몬드를 비롯해 여러 보석까지 함께 세팅된 목걸이를 구매했으니 성난 민중이 폭발할 만도 합니다. 돈과 재물뿐 아니라 음식에도 욕심이 많았던 파루크는 점차 살이 찌기 시작하면서 곧 136킬로그램이 넘는 거구가 되어갑니다. 사람들은 뒤에서 그를 위장 위에 머리만 놓여 있는 셈이라며 수군덕거렸죠. 사람들은 왕에 대해 나쁜 소문들만을 수군댔고, 나중에는 그것이 사실인지 아닌지도 알 수 없게 되었습니다.

"(왕이) 나이트 클럽에 갔다가 다음 날 해가 중천에 뜨도록 쿨

재혼한 둘째 부인(왼쪽). 그리고 둘째 부인과 파루크의 장남이자 이집트의 마지막 왕자(오른쪽).

쿨 자고 아침으로 캐비어를 먹는데 통조림 캔째로 들고 먹는다더라. 엄청난 양의 삶은 달걀, 토스트, 바닷가재, 스테이크, 양고기, 닭고기, 비둘기 고기들이 그 뒤를 잇는다더라." 주22

이처럼 사치와 폭식을 일삼던 파루크의 인기는 제2차 세계대전(1939~1945)이 터지면서 걷잡을 수 없이 추락하기 시작했습니다. 제2차 세계대전은 독일, 이탈리아, 일본을 중심으로 한 추축국과 영국, 프랑스, 미국, 소련, 중국 등으로 이루어진 연합국이 6년 동안 전 세계를 무대로 벌인 전쟁으로 인류 역사상 가장 많은 사람들이 죽고 다친 전쟁입니다. 당시 세계 역사에 있어 긍정적으로든 부정적으로든 제2차 세계대전이 영향을 미치지 않은 분야는 거의 없다고 봐도 무방할 것입니다. 많

히틀러가 선물한 벤츠를 타고 신이 난 파루크 1세.

이들 아시다시피 이 전쟁에서 독일, 이탈리아, 일본 등이 패배함으로써 우리나라는 일본의 압제에서 벗어날 수 있었지만 38선을 사이에 두고 남북으로 갈라지고 독일은 폭삭 망하면서 베를린 장벽을 사이에 두고 동독과 서독으로 나뉘게 되었습니다. 이때부터 세계는 미국과 소련을 중심으로 냉전에 돌입합니다.

갑작스럽게 터진 전쟁에 스트레스를 받았는지 파루크는 계속 악몽을 꾸기 시작했습니다. 꿈에는 늘 사자가 등장했는데 파루크는 이 악몽을 어떻게 하면 멈출 수 있겠느냐고 알 아즈하르 대학의 총장에게 조언을 구했습니다. 총장은 "전하, 사자를 죽일 때까지 쉬실 수 없을 것이옵니다."라고 대답했고 '아하! 그렇구나!' 라고 생각한 파루크는 카이로 동물원으로 가서 그곳에 있는 죄 없는 사자들을 모조리 쏘아 죽여 버렸습니다. 하지만 악몽은 멈출 기미를 보이지 않았죠. 총장의 말은 진짜로 사자를 쏘아 죽이라는 것이 아니라 사자로 상징되는 스트레스의 원인을 없애라는 것이었으니까요.

당시 이집트는 여전히 영국의 영향력 아래 있었기 때문에 독일과 동맹을 맺은 이탈리아가 1940년 9월부터 이집트를 침공하기 시작하였습니다. 알렉산드리아에서는 전쟁과 폭격으로 인한 정전이 며칠이고 계속되었는데 우리의 사치쟁이 왕 파루크는 궁전을 크리스마스 트리처럼 온통 휘황찬란하게 밝혀두었습니다. 잠깐만 생각해보아도 얼마나 대조되는 모습이었을지 눈에 선합니다. 폭격으로 인해 신음하며 죽어가는 어린 아이를 무기력하게 끌어안고 있는 아버지의 눈에 들어온 휘황찬란한 궁전이라니요.

   제2차 세계대전 이야기를 하자니 생각난 김에 한마디하자면, 오늘날 우리는 히틀러라 하면 그야말로 악마의 재림으로 여기지요. 하지만 당시 대부분의 이슬람 국가는 제2차 세계대전이 시작되자마자 히틀러 편을 들었습니다. 그들에게는 유대인 학살보다는 제국주의 영국의 압제에서 벗어나 독립하는 일이 훨씬 중요했거든요. 히틀러의 통치 아래서 얼마나 제대로 된 독립을 누릴 수 있었을지는 알 수 없지만 어차피 식민지 신세이던 나라들 입장에선 히틀러고 영국이고 어차피 그놈이 그놈이니 제국주의가 최악이라면 나치는 차악이었던 셈입니다. 그리하여 환영받던 히틀러는 1938년 파루크가 첫 번째 부인과 결혼할 때 메르세데스 벤츠 540K를 선물하기도 했죠. 사치를 좋아하고 자동차에 눈을 반짝이는 파루크에게 그만한 선물도 없었습니다.

   영국이 이집트를 점령하다시피 한 상황이었는데도 불구하고 이집트는 계속해서 중립을 지키고 있었습니다. 중립이라는 것이 참으로 아슬아슬하게 유지되었는데 이집트 위에 영국이 군림하였지만 이집트 내의 권력자들은 이탈리아 출신들이 많아 그야말로 이집트 안에서 작은 세계대전이 벌어지고 있던 셈입니다.

   그런 와중인 1942년 8월, 당시 영국 총리였던 윈스턴 처칠이 이집트를 방문합니다. 말 한 마디, 행동 하나에 국가의 운명이 뒤바뀌곤 했던 이 중차대한 시기에 파루크의 못된 손이 정신 못 차리는 행동을 했으니, 바로 파루크의 황당한 버릇인 도벽이 발휘된 것이었답니다.

예멘 성직자의 아주 귀중한 단검을 몰래 훔치기도 했다던 파루크의 도벽을 처칠도 모르는 바는 아니었지만 설마 싶었겠지요. 하지만 파루크 옆자리에 앉아 맛있게 저녁 식사를 마치고 나니 조상 대대로 내려오던 시계가 주머니에서 감쪽같이 사라진 것을 발견합니다. 깜짝 놀란 처칠이 잃어버린 게 틀림없다며 사방을 헤매고 다니자(물론 파루크가 훔쳐갔을 것이라고 의심은 했겠지만 점잖은 자리에서 영국 총리가 이집트 왕에게 '이 도둑놈아!' 라고 할 수는 없었겠지요) 일이 좀 커지겠다 싶었던 모양인지 파루크는 자신이 저쪽에서 찾았다며 머쓱하게 시계를 돌려주었습니다.

사치에 폭식에 도둑질까지 하는 왕이라니, 이집트 사람들 속이 터질 만도 합니다. 제2차 세계대전이 거의 끝나갈 무렵인 1945년에 파루크는 영국의 압력 때문에 어쩔 수 없이 독일, 이탈리아, 일본 등으로 이루어진 추축국에 전쟁을 선포합니다. 하지만 사실 파루크의 마음은 그게 아니었던 것이 독일의 민족 영웅이자 윈스턴 처칠도 인정한 대단한 장군인 롬멜이 이집트 국경에 가까이 다가오자 파루크는 히틀러에게 메시지를 하나 보냅니다. 이집트를 침공해줘서 고맙고 드디어 영국에서 벗어날 희망이 보인다는 내용이었죠.

결국 추축국의 패배로 제2차 세계대전이 끝났지만 파루크의 통치는 그대로였습니다. 하지만 친 나치 성향을 가진, 그리 훌륭하지 못한 이집트의 왕은 필요 없다고 생각한 미국이(여기서 갑자기 미국이 튀어나와 놀라셨죠. 현대사로 들어가면 미국이 끼어들지 않는 역사가 없답니다) 정보기관을 이용하여 파루크 폐위 작전에 돌입합니다. 작전명 프로젝트 FF(Fat Fucker). FF는 점잖게 해석하면 '뚱땡이 놈' 정도의 뜻이겠지요. 미국이 파루크를 얼마나 한심하게 생각했으면 그런 이름을 붙였을까요. 아무튼 미국은 프로젝트 FF라는 이름으로 영국을 싫어하고 이집트의 독립을 소망하는 하급 장교들이 주축이 된 자유장교단을 후원하였는데 이때 자유장교단에 참여했던 인물 중 한 명이 그 유명한 나세르입니다. 그는 이후 1954년에는 이집트의 수상이, 1956년에는 대통령이 되었습니다. 그것도 현재까지도 이집트의 영웅이라 불리는 데다가 아랍민족주의를 주장하였는데 이 주장이 어찌나 대단했던지 자기 이름을 딴 '나세르주의'라는 이름으로 온 아랍 동네방네에 영향을 미쳤습니다. 아무튼 미국은 많은 슈퍼맨들을 이집트로 파견해 쿠데타에 영향력을 행사합니다. 20세기 역사에서 미국이 뜻한 바 이루어지지 않는 경우는 거의 없었고, 1952년 7월 23일에 이집트의 쿠데타 역시 성공합니다.

결국 파루크는 갓 태어난 어린 아들만 남겨두고 부인과 세 딸과 함께 모나코 망명길에 오릅니다. 어린 아들을 버리고 간 것은 아니었고 파루크가 폐되고 1살배기 아기가 명목상 왕위에 오르게 된 것이었죠. 이 때문에 이집트의 마지막 왕이 누구인가에 대하여 의견이 다소 갈리기도 하는데요. 고작 1년도 안 되는 시간 동안 '왕'이라는 이름을 지닌 것은 파루크의 1살배기 아들이지만 너무 어렸던 탓에 대관식도 치르지 못해 정식으로 왕관을 받지는 못했습니다. 그러니 파루크는 제대로 대관식까지 치른 이집트의 마지막 왕인 셈이죠.

그렇게 150년을 이어온 무함마드 알리 왕조가 막을 내리고 이집트 공화국이 시작되었으며 드디어 이집트 땅에서 영국을 몰아냅니다. 하지만 미국의 도움으로 시작되었으니 이젠 영국 대신 미국의 입김이 이집트에 작용하기 시작했고 미국은 이후 이집트를 계속해서 지원해왔습니다. 사자를 쫓아내고 호랑이가 들어앉은 격이죠.

모나코와 이탈리아로 망명한 파루크는 황급히 떠나느라 자신이 평생을 바쳐 수집한 것들을 고스란히 팽개치고 떠날 수밖에 없었습니다. 곧 그의 모든 수집품들은 정리되어 경매에 나왔는데, 그것을 본 사람들은 깜짝 놀랐습니다. 왕족들의 소장품 경매에 흔히 나오는 보석이나 고급 가구들 이외에도 아주 귀하고 흔치 않은 동전들이 등장했기 때문이었죠. 그중 가장 사람들의 이목을 끌었던 것은 1933년에 발행된 더블 이글 동전이었습니다. 더블 이글 동전은 미국에서 20달러의 가치를 가진 금화로 등장했지만 대공황을 겪던 미국 정부가 시중에 풀지 않고 전부 다시 녹여버렸으므로 남아 있는 것 자체가 아주 희귀한 동전입니다. 당시 경매에 등장할 뻔했지만 미국 정부에서 무조건 돌려받고 싶어 했고 워낙 귀한 것인지라 당연히(?) 제대로 돌아가지 못하고 사라졌다가 약 40여 년 후에 세상에 다시 등장하였습니다.

동전 주인이 동전 소유권을 두고 미국 정부와 격렬한 법정 싸움을 벌이는 동안 이 동전은 세계무역센터 빌딩의 어느 금고에 보관되어 있었습니다. 그리고 9.11 테러가 일어나기 겨우 두 달 전에 동전 주인이 재판에서 이기면서 건물 잔해 속에 파묻히지 않을 수 있게 되었습니다. 2002년 7월 경매에 부쳐져 무려 759만 달러(약 77억 5,318만 원)에 새 주인을 찾아 떠나가면서 현재까지 세계에서 가장 비싼 동전이라는 기록을 가지고 있답니다.

정작 동전의 주인인 파루크는 어떻게 살았냐면 그다지 존경받지는 못하며 소박하게 살았습니다. 존경받지 못한 이유는 쫓겨난 왕이라는 것도 있지만 그의 수집품 가운데 엄청난 양의 성인물 컬렉션이 있었다는 사실이 알려졌기 때문이었죠. 물론 파루크 편을 들자면 성인물이라기엔 그저 약간의 노출 수위가 있는 예술품들이라고 하기도 하지만 국민들은 코웃음 치며

동전을 보며 흐뭇해 하는 파루크. 한 나라의 왕이라는 사람이 정사는 돌보지 않고 귀중품 수집 따위에 열을 올렸으니 왕조가 망해도 싸다.

'야한 사진이나 보는 왕'이라고 비아냥거렸습니다. 13년 뒤 1965년 3월 18일 로마에 있는 어느 프랑스 레스토랑에서 평소와 다름없이 엄청난 양의 식사를 하던 파루크는 갑자기 접시에 코를 박고 쓰러져 다시는 일어나지 못했습니다. 지나친 폭식이 죽음을 부른 것인지 아니면 누군가에 의해 독살당한 것인지는 알 수 없지만 아무튼 이집트의 마지막 왕은 그렇게 허망하게 세상을 떠났습니다.

살아서는 타국을 전전하며 살았지만 죽어서는 이집트 카이로에 묻히고 싶다는 파루크의 유언에도 불구하고 이집트 정부는 차갑게 거절했습니다. 그 이야기를 전해들은 사우디아라비아의 왕이 같은 왕으로서 너무 불쌍하다고 여겼는지 자기 나라에 묻어주겠노라 제안했습니다. 그러자 이집트 정부에서는 그래도 명색이 자기 나라 왕인데 이웃 나라에 묻히는 건 체면이 서지 않는다 싶었는지 사망 2주 만에 이집트에 묻어주겠다며 한밤중에 비밀스럽게 관을 들여와 묻어주었습니다.

도도한 시대의 흐름을 읽지 못하고 오히려 거스르다가 격류에 휩쓸린 파루크 1세를 끝으로 위대하고 장엄했던 이집트 왕실의 역사는 초라

하게 막을 내렸습니다. 왕정이 붕괴된 이후의 이집트는 제대로 된 민주주의를 얻기 위한 길고 힘든 여정을 시작합니다. 아랍의 영웅이라 불렸던 나세르 대통령은 1956년에 수에즈 운하를 국유화함으로써 이집트를 완전한 독립국으로 만들었죠. 그 이후 대통령이 된 사다트 역시 자유장교단에서 활동했던 이로 노벨평화상까지 받았지만 훗날 영구 집권까지 시도하다가 암살당하게 됩니다.

그 뒤를 이은 당시 부통령이었던 무바라크 역시 헌법까지 바꿔가며 무려 30년이나 이집트를 통치하였죠. 욕심도 정도껏 부릴 것이지, 왕도 아니면서 이토록 오랫동안 집권한 독재자에 대한 불만이 터져나오게 됩니다. 그런 와중에 2011년 1월 15일 이웃나라 튀니지에서 벌어진 재스민 혁명의 성공은 그렇잖아도 30년 독재와 높은 실업률, 심각한 경제 상황으로 부글부글 끓고 있던 이집트 사람들에게 '우리도 할 수 있다!'는 생각을 퍼트려주었고 이는 소셜네트워크에서 폭발적으로 퍼지면서 2012년 1월 17일부터 이집트 혁명이 일어났습니다. 수백 명의 사람들이 사망하고 다치면서도 끊이지 않았던 이 혁명은 결국 한 달도 채 되지 않아 무바라크 대통령의 사퇴를 이끌어냈고, 이집트는 민주주의에 한 발짝 다가갔습니다. 그저 태어남으로 주어졌던 파루크 1세의 왕좌보다 온 이집트 국민이 피 흘리며 싸워 만들어낸 민주주의야말로 값지고 귀하기 그지없지요.

각주

주1: 존 켈리, 『흑사병 시대의 재구성』, 이종인 옮김, 소소, 2006, 41쪽.

주2: 존 켈리, 『흑사병 시대의 재구성』, 이종인 옮김, 소소, 2006, 43쪽.

주3: 필립 지글러, 『흑사병』, 한은경 옮김, 한길사, 2003, 77쪽.

주4: Horrox, Rosemay, *The Black Death*, Manchester: Manchester University Press, 1994, P.3

주5: Fisher, Burton D., *Verdi's Don Carlo*, Boca Raton: Opera Journeys Publishing, 2002, P.15

주6: Loades, David, *Elizabeth I: A Life*, London: A&C Black, 2006, P.139

주7: Guiley, Rosemary Ellen, *Encyclopedia of Witches and Witchcraft*, New York: Facts on File Publishing, 1999, P.109

주8: 브라이언 P. 르박, 『유럽의 마녀 사냥』, 김동순 옮김, 소나무, 2003, 104-105쪽.

주9: 브라이언 P. 르박, 『유럽의 마녀 사냥』, 김동순 옮김, 소나무, 2003, 197쪽.

주10: 제프리 버튼 러셀, 『마녀의 문화사』, 김은주 옮김, 르네상스, 2001, 152-154쪽.

주11: 브라이언 P. 르박, 『유럽의 마녀 사냥』, 김동순 옮김, 소나무, 2003, 241쪽.

주12: 멘탈 플로스 편집부, 『불량지식의 창고』, 강미경 옮김, 세종서적, 2006, 146쪽.

주13: Dunlop, John B., *The Rise of Russia and the Fall of the Soviet Empire*, Princeton: Princeton University Press, 1993, P.109

주14: 김학준, 『러시아사』, 미래앤, 2005, 112쪽.

주15: 에이브러햄 애셔, 『처음 읽는 러시아 역사』, 김하은·신상돈 옮김, 아이비북스, 2012, 106쪽.

주16: 이경운·정승원, 『세계 악남 이야기』, 삼양미디어, 2009, 215쪽.

주17: Goodman, Elise, *The Portraits of Madame de Pompadour: Celebrating the Femme Savante*, Oakland: University of California Press, 2000, P.31

주18: Algrant, Christine Pevitt, *Madame de Pompadour: Mistress of France*, New York: Grove Press, 2003, P.9

주19: Ramage, Craufurd Tait, *Beautiful Thoughts from French and Italian Authors*, Cambridge: Harvard University Press, 1866, P.379

주20: Leighton, Angela, *Elizabeth Barrett Browning*, Bloomington: Indiana University Press, 1986, P.39

주21: Paul Crompton, King Farouk's fabulous wealth, "Al arabiya news", 2014. 1. 30.

주22: Mardelli, Adel Bassil, *Middle East Perspectives: Personal Recollections(1947- 1967)*, Bloomington: iUniverse, 2010, P.89

참고문헌

교재편찬위원회, 『문명의 교류와 충돌』, 계명대학교출판부, 2008.
김학준, 『러시아사』, 미래엔, 2005.
다닐로프·코술리나, 『러시아 역사』, 문영식 엮어옮김, 신아사, 2009.
로렌스 엘리엇, 『땅콩박사』, 곽안전·민경식 옮김, 대한기독교서회, 2008.
리처드 D. 앨틱, 『빅토리아 시대의 사람들과 사상』, 이미애 옮김, 아카넷, 2011.
멘탈 플로스 편집부, 『불량지식의 창고』, 강미경 옮김, 세종서적, 2006.
모리시마 쓰네오, 『마녀사냥』, 조성숙 옮김, 현민시스템, 1998.
문희수, 『보석이야기』, 문학사상사, 2005.
브라이언 P. 르박, 『유럽의 마녀 사냥』, 김동순 옮김, 소나무, 2003.
비비안 그린, 『권력과 광기』, 채은진 옮김, 말글빛냄, 2005.
셸던 와츠, 『전염병과 역사』, 태경섭·한창호 옮김, 모티브북, 2009.
손주영·송경근, 『이집트역사 다이제스트 100』, 가람기획, 2009.
수잔 스콧·크리스토퍼 던컨, 『흑사병의 귀환』, 황정연 옮김, 황소자리, 2005.
알렉스 캘리니코스·이집트 사회주의자, 『이집트 혁명과 중동의 민중 반란』, 김하영·전지윤 엮음, 책갈피, 2011.
윤선자, 『이야기 프랑스사』, 청아출판사, 2006.
에이브러햄 애서, 『처음 읽는 러시아 역사』, 김하은·신상돈 옮김, 아이비북스, 2012.
이경운·정승원, 『세계 악남 이야기』, 삼양미디어, 2009.
이희철, 『이스탄불』, 리수, 2008.
윌리엄 제이콥 쿠퍼, 『제왕들의 사생활』, 남기철 옮김, 이숲, 2013.
제프리 버튼 러셀, 『마녀의 문화사』, 김은주 옮김, 르네상스, 2004.
조재익, 『굿모닝 러시아』, 지호, 2004.
존 켈리, 『흑사병 시대의 재구성』, 이종인 옮김, 소소, 2006.
주레 피오릴로, 『사생아, 그 위대한 반전의 역사』, 이미숙 옮김, 시그마북스, 2011.
쥘 미슐레, 『마녀』, 정진국 옮김, 봄아필, 2012.
최영길, 『이슬람의 역사와 문화』, 세창출판사, 2009.
크로스랜드, 마거릿, 『권력과 욕망』, 이상춘 옮김, 랜덤하우스중앙, 2005.
필립 지글러, 『흑사병』, 한은경 옮김, 한길사, 2003.
한국외대외국학종합연구센터, 『세계의 성문화』, 한국외국어대학교출판부, 2005.

Algrant, Christine Pevitt, *Madame de Pompadour: Mistress of France*, New York: Grove Press, 2003.

Andrews, Carol, *Egyptian Mummies*, Cambridge: Harvard University Press, 2004.

Anisimov, Evgenii Viktorovich, *Five Empresses: Court Life in Eighteenth-century Russia*, Westport: Greenwood Publishing Group, 2004.

Barrett Browning, Elizabeth, *Elizabeth Barrett Browning: Selected Poems*, Ontario: Broadview Press, 2009.

Behringer, Wolfgang, *Witches and Witch-Hunts: A Global History*, Hoboken: Wiley, 2004.

Burns, William E., *With Hunts in Europe and America*, Westport: Greenwood Publishing Group, 2003.

Butler, Pierce, *Women of Mediaeval France*, Philadelphia: Rittenhouse Press, 1908.

Byrne, Joseph Patrick, *Daily Life During the Black Death*, Westport: Greenwood Publishing Group, 2006.

Cosman, Madeleine Pelner, *Handbook to Life in the Medieval World*, New York: Infobase Publishing, 2009.

Curtis, Benjamin, *The Habsburgs: The History of a Dynasty*, London: Bloomsbury Academic, 2013.

Dukes, Paul, *A History of Russia*, Hampshire: Macmillan, 1990.

Dunlop, John B., *The Rise of Russia and the Fall of the Soviet Empire*, Princeton: Princeton University Press, 1993.

Filer, Joyce, *The Mystery of the Egyptian Mummy*, Oxford: Oxford University Press, 2003.

Fisher, Burton D., *Verdi's Don Carlo*, Boca Raton: Opera Journeys Publishing, 2002

Forster, Margaret, *Elizabeth Barrett Browning*, New York: Random House, 2012

Goodman, Elise, *The Portraits of Madame de Pompadour: Celebrating the Femme Savante*, Oakland: University of California Press, 2000.

Guiley, Rosemary Ellen, *Encyclopedia of Witches and Witchcraft*, New York: Facts on File Publishing, 1999.

Haag, Michael, *Egypt*, Cape Town: New Holland Publishers, 2004.

Hellberg-Hirn, Elena, *Imperial Imprints: Post-Soviet*, St. Petersburg: Finnish Literature Society, 2003.

Herlihy, David, *The Black Death and the Transformation of the West*, Cambridge: Harvard University Press, 1997.

Hinds, Kathryn, *The Court*, New York: Benchmark Books, 2003.

Horrox, Rosemay, *The Black Death*, Manchester: Manchester University Press, 1994.

Imber, Colin, *The Ottoman Empire, 1300-1600: The Structure of Power*, Hampshire: Palgrave MacMillan, 2004.

Klaits, Joseph, *Servants of Satan: The Age of the Witch Hunts*, Bloomington: Indiana University Press, 1985.

Kohn, George, *Encyclopedia of Plague and Pestilence: From Ancient Times to the Present*, New York: Infobase Publishing, 2007.

Kors, Alan Charles, *Witchcraft in Europe, 400-1700: A Documentary History*, Philadelphia: University of Pennsylvania Press, 2001.

Krampner, Jon, *Creamy&Crunchy: An Informal History of Peanut Butter, the All-American Food*, New York: Columbia University Press, 2013.

Kremer, Gary R., *George Washington Carver: A Biography*, Santa Barbara: ABC-CLIO, 2011.

Lehman, H. Eugene, *Lives of England's Monarchs: The Story of Our American English Heritage*, Bloomington: AuthorHouse, 2005.

Leighton, Angela, *Elizabeth Barrett Browning*, Bloomington: Indiana University Press, 1986.

Lewis, Linda M., *Elizabeth Barrett Browning's Spiritual Progress: Face to Face With God*, Columbia: University of Missouri Press, 1998.

Loades, David, *Elizabeth I: A Life*, London: A&C Black, 2006.

Loades, D. M., *Chronicles of the Tudor Queens*, Gloucestershire: Sutton Publishing, 2002.

Mardelli, Adel Bassil, *Middle East Perspectives: Personal Recollections(1947-1967)*, Bloomington: iUniverse, 2010.

Markus, Julia, *Dared and Done: The Marriage of Elizabeth Barrett and Robert Browning*, London: Bloomsbury, 1995.

McLeave, Hugh, *The Last Pharaoh: Farouk of Egypt*, New York: McCall Pub. Co., 1970.

McMurry, Linda O., *George Washington Carver: Scientist an Symbol*, Oxford: Oxford University Press, 1981.

Packe, Michael St. John, *King Edward III*, London: Routledge & Kegan Paul, 1983.

Perry, John, *George Washington Carver*, Nashville: Thomas Nelson Inc, 2011.

Peters, Stephanie True, *The Black Death*, Singapore: Marshall Cavendish, 2005.

Pinkus, Oscar, *The War Aims and Strategies of Adolf Hitler*, Jefferson: McFarland, 2005.

Ramage, Craufurd Tait, *Beautiful Thoughts from French and Italian Authors*, Cambridge: Harvard University Press, 1866.

Ruiz, Ana, *The Spirit of Ancient Egypt*, Now York: Algora Publishing, 2001.

Russell, Jeffrey Burton, *Witchcraft in the Middle Ages*, Ithaca: Cornell University Press, 1972.

Russell, Jesse, Cohn, Ronald, *1933 Double Eagle*, New York: Book on Demand, 2012.

Smith, Andrew F., *Peanuts: The Illustrious History of the Goober Pea*, Champaign; University of Illinois Press, 2002.

Simpson, Jacqueline & Roud, Steve, *A Dictionary of English Folklore*, Oxford: Oxford University Press, 2000.

Tout, Thomas Frederick, *The History of England from the Accession of Henry III. to the Death of Edward III. (1216-1377)*, London: Longmans, Green and Company, 1905.

Vale, Allison, *Mad Kings & Queens: History's Most Famous Raving Royals*, New York: Sterling, 2008.

Vickers, Kenneth Hotham, *England in the later middle ages*, London: Methuen & Co., Ltd., 1918.

Wolfe, S. J., *Mummies in Nineteenth Century America: Ancient Egyptians as Artifacts*, Jefferson: McFarland & Company Incorporated Pub, 2009.

스캔들
세계사 3

지은이 _ 이주은
펴낸이 _ 강인수
펴낸곳 _ 도서출판 **파피에**

초판 1쇄 발행 _ 2014년 9월 24일
초판 4쇄 발행 _ 2017년 5월 19일

등록 _ 2001년 6월 25일 (제2012-000021호)
주소 _ 서울시 마포구 서교동 487 (209호)
전화 _ 02-733-8668
팩스 _ 02-732-8260
이메일 _ papier-pub@hanmail.net

ISBN 978-89-85901-69-7 03900
     978-89-85901-68-0 (세트)

· 잘못 만들어진 책은 바꾸어 드립니다.
· 값은 뒤표지에 있습니다.

ⓒ 이주은, 2014

이 책은 신저작권법에 의하여 보호를 받는 저작물이므로 무단전재와 무단복제, 광전자 매체 수록 등을 금하며, 이 책 내용의 전부 또는 일부를 이용하려면 반드시 저작권자와 파피에 출판사의 서면 동의를 받아야 합니다.